4

ボンドをつける ボンドをつける ボンドをつける

ボンドをつける ボンドをつける ボンドをつける

5

ボンドをつける ボンドをつける ボンドをつける

ボンドをつける ボンドをつける ボンドをつける

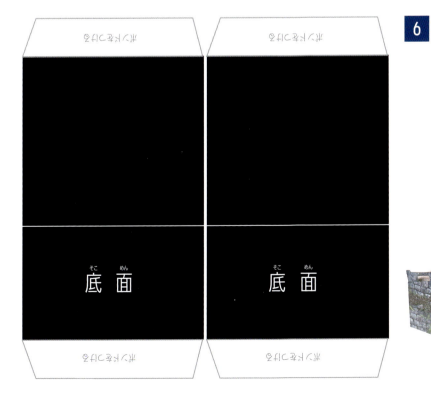

6

ボンドをつける ボンドをつける

底《そこ》面《めん》　底《そこ》面《めん》

ボンドをつける ボンドをつける

完成イメージ

凄《すご》い!
ジオラマ[改]

超リアルなミニチュア
情景の世界

情景師アラーキー

誠文堂新光社

はじめに　PREFACE

ジオラマ。口の中で弾けるように転がる、この心地良い響きの単語を、いつ頃知ったのかは覚えていません。しかし、自分が初めて「ジオラマの芽」に触れた日のことはハッキリと覚えています。

どこの家にもあるお菓子が入ったブリキ缶のフタに、庭から持ってきた土と小石を敷いて、苔を敷き、小枝を差して彩りを加えた「箱庭遊び」を教えてくれたのは、母親でした。

お気に入りのミニカーを置いて地面ギリギリの低い視線で見てみると、まるで本物のように迫ってきて、飽きることなくいつまでも眺めていました。それは昨日のことのように覚えている、幼稚園時代の記憶です。

その当時は、円谷英二監督が生み出したゴジラやウルトラマン、ミニチュアを使った特撮映画やテレビがブーム。その影響をどっぷり受けて、当時の男の子が趣味の王道としていた「プラモデル」を夢中になって作り続けました。

「いつかあの映画のような光景を自分で作ってみたい……」その思いがようやく中学時代に実現します。この頃にはすでに、現在の私に通じるモデリングテクニックの基礎は身に付いており、ようやく、本格的なジオラマに挑めるようになったのです。「好きこそものの上手なれ」。まさに、この言葉通りの、模型人生の始まりでした。

そこまでハマったジオラマとはいったいなんでしょう？　辞書で調べるとこうあります。〈撮影や展示などに用いる立体模型〉〈実際の光景を見ているような感じを楽しむ〉（大辞林）。

18世紀の初めに、フランス人の写真技術者が考案した、絵や写真を奥行きが出るように配置して、正面から眺めて楽しむ娯楽装置、それが「ジオラマ」の原点です。その後、日本に伝わり、浅草に「ヂオラマ館」という娯楽施設ができて大流行したそうです。

日本にはミニチュアを楽しむ風習が昔からあり、盆栽文化はまさにジオラマそのもの。他にも、根付けやひな人形などなど小さい物が大好きな国民ですから、フランスから入って来たジオラマの虜《とりこ》になるのも納得できます。

その同じ血が流れている私もそんな1人。江戸時代でも、明治時代でも、そして平成のこの時代でも、小さくて緻密なものに魅了されるのは、日本人に刷り込まれたDNAなのかもしれません。

箱庭あそび
お中元でもらった(と思われる)
泉屋東京店の洋菓子の缶のフタを
箱庭の「土台」に使用!
私の初めてのジオラマ体験
絵と文
情景師アラーキー
お菓子の缶は、
ミニカー入れとして
重宝♪
TVアニメ「アルプスの少女・ハイジ」
に出てくるモミの木に
似ている「ペンペン草」を
木に見立てて
コンクリート塀の根元に
苔の固まり!
これを
剥ぎ取り
移植
庭に転がっていた
形のいい石を配置。
おそらく、立派な邸宅
の庭石のつもり。
土は庭から
持って来たもの。
苔マジック!!
配置しただけで、一気にリアルに。
当時、我が家
にあった
レトロな
デザインの
霧吹き
苔はすぐに乾燥して
しまうので、母から
アイロン用の霧吹き
で、湿気を絶やさ
ないようにと教わる。
しかし、青々として
いた苔はすぐに
黒へ変色して枯
れてしまいました。
「いつまでも枯れない緑があるジオラマ」
が欲しい! これが今につながっています。
幼稚園
時代の私
妄想中…
ゴゴゴゴ!!!
机に箱庭を置いて低い視点で眺めると
まるで本物の風景を見ているよう!

凄い！ ジオラマ［改］ 超リアルなミニチュア情景の世界 目次

作品名「ゴッサムシティ」

作品名「港の片隅で」

作品名「やきいも」

作品名「西瓜の夏」

作品名「昭和の終わりに」

作品名「トタン壁の造船所」

作品名「かぶとむし／てんとうむし」

「熊本の石橋」の作り方

［特別付録］
ペーパークラフト

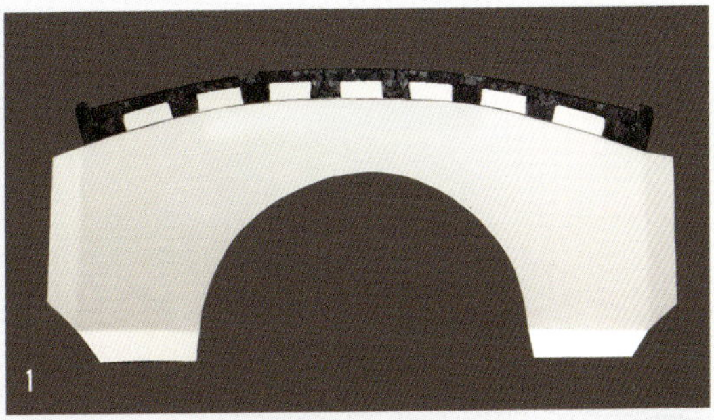
1

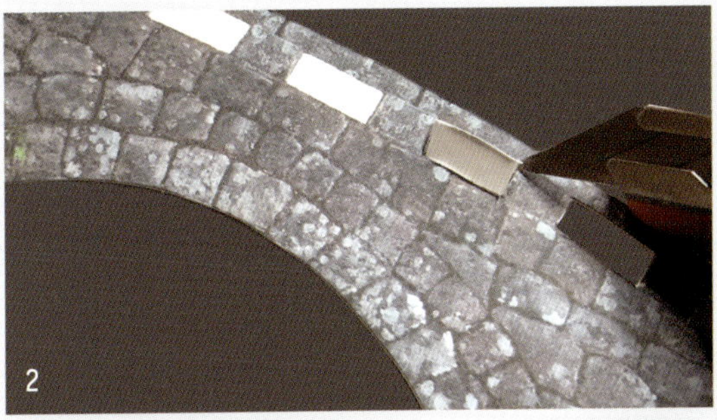
2

3

4

5

6

7

8

1 ｜ カッターを使って部品を切り出します。石橋の側面部品（2、3）に、手すり部品（1）を、木工ボンドで印刷面の裏側に接着します。

2 ｜ ボンドが乾いたら、欄干の内側（穴部分）を切り取ります。

3 ｜ 2個ある側面部品の1つに、橋の上面部品（5）を、欄干の下面に沿うように接着します。

4 ｜ 橋のアーチ部品（4）を、橋の下のアーチ形に沿うように接着します。

5 ｜ 底面部品（6）の端のほうを、（4）の端に接着します（反対側も同様に）。

6 ｜ 矢印部分ののりしろは、あとから接着します。

7 ｜ 残りの側面部品を、底面部品ののりしろ（2カ所）に接着します。左右にあるのりしろも、接着剤を付けて差し込みます。

8 ｜ アーチ部分の隙間から、爪楊枝でボンドを付けます。橋の上面も同様に接着します。

完成 ｜ 紙の断面が白く見える部品の端面は、黒色のペンで塗ると美しく仕上がります。
コピーして複数作って、石橋を連結させてみるのも面白いでしょう。

そのまま
切り取っても、
ケント紙に
カラーコピーして
作っても
いいでしょう！

ゴッサムシティ

DIORAMA

映画のワンシーンを再現したのではなく、映画のセットを再現したかったのです

アメリカンコミックのキャラクターを主人公にした実写映画は数多くありますが、中でも、絶大な人気を誇る「バットマン」という存在、特に、クリストファー・ノーラン監督による三部作は、私が大好きな映画です。この作品が魅力的な理由は、往年の映画製作をほうふつとさせる「本物にこだわった」大規模なセットの制作や、CGを極力使わない撮影方法。

この映画で新たにデザインされた「バットモービル・タンブラー」は一度見ると忘れられない装甲車のようなフォルム。CGと見間違える大ジャンプをこなせるほどに走る車がしっかりと作られて、街中を爆走するシーンの実写映像は迫力満点！

そして、もっとも注目すべきは、犯罪がはびこる「ゴッサムシティ」の再現性です。特に、第一作目の「バットマンビギンズ」では、ストーリーにおいて重要な、街の中央に存在するナローズ島の作り込みは特筆もの。無国籍な建築が立ち並び、かつて香港にあった九《くう》龍城《ろんじょう》を思わせる混沌とした場所です。どこで撮影したのかと調べると、古い飛行船の格納庫の中に、なんと街を丸ごと作ってしまったと！　ノーラン監督のこだわりがズンズン伝わってくる映画なのです。

そんな逸話を聞いてしまったら、ワンシーンの再現ではなく、「映画セット」のほうに興味が湧き始めて、ジオラマで再現したくなるのです。子供の頃の夢が「特撮映画の監督」だった私の血が騒ぐからでしょう！

実はこの、映画セットを意識したジオラマのレイアウトを考えると魅力的な作品になります。現実だと窮屈に感じる建物配置にすることで凝縮感と緻密さが増し、見る人の視点の回遊が途切れず飽きさせません。

また、ジオラマの構図作りとして「斜めに配置する」というセオリーがあり、そうすることで建物などは奥行きを感じさせて、単調にならない有効な方法です。これも映画のセット作りに通じるものです。

さらに、ジオラマを多くの人に伝える手段の仕上げ、「写真撮影」を強く意識しています。いい写真が撮れる構図を模索し、あらゆる角度からの撮影に応じられる見所をあらかじめ作っておくことは、ジオラマ作家にとって重要な課題でもあるのです。

ゴッサムシティ [2013制作 scale 1/35] W:486mm D:395mm H:531mm

BIG WHITE DESERT

ゴッサムシティ

DIORAMA

退廃した
架空都市を
自分視点の
妄想を入れて
再現すると……

架空都市「ゴッサムシティ」の原作では、アメリカ東海岸付近が想定されています。コミックや映画のストーリーをよく知らない人にさえ、その架空都市の名前だけは知られており、暗く荒廃し闇に包まれた都市を想像して、アメリカのどこかに本当に存在しているのでは？　と妄想してしまいます。

このジオラマ作品は、映画のシーン「そのもの」が再現されているわけではありません。古めかしい鉄骨造りの「ゴッサムシティ・モノレール駅」はストーリーにおいて重要ですが、駅の入り口階段や看板などの造りはすべて私の描いた「妄想」なのです。

このジオラマを作る際に狙ったポイントは、アメリカを主題にした有名映画に出てくるシーンをたくさん散りばめた「名作シーンカタログ」のような構成。

ダウンタウンのレンガ造りの古いアパート、鉄製の非常階段、壁のスプレーの落書き、金属フェンス、古いデザインの街灯、無造作に貼られたポスター……。おそらく誰もがイメージできる「ザ・アメリカ映画」な見所を多く盛り込むことで、特にバットマンの映画を知らなくてもこのミニチュア世界の中にすんなりと入っていけるジオラマを目指したのです。

ジオラマにおいて「妄想」はとても重要！　実は、私はまだアメリカに行ったことがありません。製作用資料はすべてネットで調べた写真と、今までに観た映画の記憶をミックスさせたイメージ内のシーンのみ。つまり、妄想だけでここまで作ることが可能なのです。

以前、この作品をFacebookで公開した時に、アメリカ人の友人に絶賛された表現があります。それは「ガムスポット」。彼らが日常的に噛んでいるガムが吐き捨てられた道には、点状の黒い染みのような跡が数多く残ります。それがこのジオラマの歩道にしっかりと再現されていたからです。アメリカのダウンタウンの写真を検索していた時にふと発見した汚れ。粘着性のあるゴム系の接着剤に黒い塗料を混ぜ、爪楊枝を使って、道に点になるように描いてみたものです。

脳内に展開される情景の再現にこだわっていくと、行ったことがない場所でもリアルな再現が自然にできあがるという一例です。

Gotham PIZZERIA
2245
(212)996 5141

A
(212)996 5141
REBELS

ゴッサムシティ

DIORAMA

室外機、
カーテン、
ブラインド……。
窓辺の奥には
物語が
あります

主人公の揺れる気持ちを表したり、物語が大きく変化するきっかけを作ったりと、映画のシーンに登場する「窓」はとても大切な存在です。ジオラマの世界でもそれは同じ。このジオラマでは、アメリカによくあるレンガ造りの古アパートを2棟作り、合計8個の窓があります。各戸ごと、窓の中に住む人々は生活スタイルや嗜好が違うはずなので、カーテンも数種類を制作して、ブラインドがある部屋も作り、窓辺に漂う表情に変化を付けました。また、窓に直接取り付けられるウインドエアコンもこのアパートにはなくてはならない重要なアイテムです。市販されていないので、プラ板を箱状に組んで自作。家電製品のお国柄による違いも再現しています。

そして夜のシーンでは、室内に設置したＬＥＤの色を変え、それぞれの住人の好みや息吹を感じられるように工夫を凝らしています。

窓の外に
あるのは
名シーンを
生む
舞台装置

古いアパートの外にある鉄製の非常階段は、映画の名シーンを生み出す重要な舞台装置です。映画「プリティ・ウーマン」では、主人公のリチャード・ギアが、ヒロインのジュリア・ロバーツにプロポーズするラストシーンが印象に残ります。以前から作ってみたかった造形でしたが、階段は細かい部品で構成された複雑な形状で、とても苦労しそうな形。

このジオラマを「1／35スケール」に設定した利点は、同じスケールで商品化されている戦車と組み合わせ可能な建物など、ジオラマ用のプラモデルが充実していること。なんと「歩道橋」という商品も！　このパーツを上手くアレンジして造作し、制作時間を短縮できました。既製品をアレンジする能力も重要。

それゆえに……その商品の中にある「部品」だけを目当てに買ってしまい、模型のストックが増えてしまうのが尽きない悩みでもあります……。

2245

ゴッサムシティ

DIORAMA

ゴミ捨て場を
再現しよう！
と思う
人って……

私の作品が、多くのメディアで取り上げられたきっかけが、2014年秋にTwitterで拡散した「リアルなゴミ捨て場のジオラマ写真」です。
　なぜ、ゴミ捨て場のジオラマを作ったの？　と考えるのは当然の疑問でしょう。「ゴッサムシティ」の治安の悪さを「闇の部分」で再現するためでもありますが、私の作品の共通コンセプト＝「見た人にいろいろと想像する愉しみを与える」ことも含まれます。
　ゴミ捨て場のビニール袋の中には、いろいろな秘密が隠されているのでは……。機密書類の証拠隠滅、大量の偽札、そして殺された……！　サスペンス映画でそんなシーンがあります。犯罪都市・ゴッサムシティにはピッタリな状況設定。捨てられた黒いビニール袋を見るだけで、ミステリアスな物語を想像できる。そんな、直接的ではない演出を仕込むのが、作り手の意思を盛り込めるジオラマの醍醐味です。

捨てられた
空き缶は
凹んで
いるのが
自然です

無秩序で、いたる所に不法投棄されたゴミが散らばる犯罪都市……。映画にはそんな場面が描かれていました。都会のゴミの代表として、アルミ缶は重要なアイテムです。このジオラマでは、約300個の空き缶を制作し、配置してあります。そしてよく見るとちゃんと凹んでいます。捨てられた空き缶の再現としては、この凹んだ姿が重要でした。
　最初は、丸いプラスチック棒を削って凹んだ姿の缶を。しかし、パッケージの外絵を印刷した自作シールを凹んだ面に貼り付けるのが難しくて断念。次に、本物の薄いアルミの板を巻いて缶にしてみましたが、堅くてつぶれません。新しい表現を生み出すのはトライ&エラーの連続。ふと、その外装シールをくるりと巻いただけの缶を潰してみたら……見事にペコッ！　偶然の産物に救われました。今まで作ったことがないものを生む楽しさ。やめられません！

3

ゴッサムシティ［2013制作 scale 1/35］W:486mm D:395mm H:531mm

FLATFOOT 56
P
NO ARKING
RIZED
WILL BE
AWAY
VEHICLE
OWNERS EXPE

ゴミ袋の作り方 | MAKING

ネットで話題を呼んだ「ミニチュアゴミ袋」の制作方法

日本ではもう見なくなった黒いビニール袋。海外ではいまだに現役ということで、作品「ゴッサムシティ」に配置しました。

1 | 家電量販店や雑貨屋で少量の買物をした時に使われる、
薄手の黒いビニール袋を使用。
ジオラマ制作でのコツの1つ、「実物と同じ素材を探す」が重要なポイントです。

2 | 使用頻度の高いゴミ袋「45Lタイプ」を再現しました。
実物の幅は約600mm、1/35スケールに縮小するためにその寸法を「35」で割ると約17mm。
その幅で、長さが約150mmの細長い短冊になるように、袋をハサミでカット。

3 | 両面テープを貼ります。
のりしろは1mmほどで、余分は気にせずにハミ出すように。
テープを貼ってない部分を折りたたみ、封筒状になるようにして、
余分なテープをハサミでカットして、まずゴミ袋ができます。

4 | 袋の中身は、新聞紙や、工作で出たまさに「ゴミ」を詰めます。
ゴミ袋の表面に凹凸が出るよう、しわくちゃにして入れるとリアルです。
パンパンになるまで入れたら袋の口をヒネリ、テープで留めれば完成。
カラスや野良犬にかじられた破れをカッターで加工すると、中身が見えてさらにリアルに！

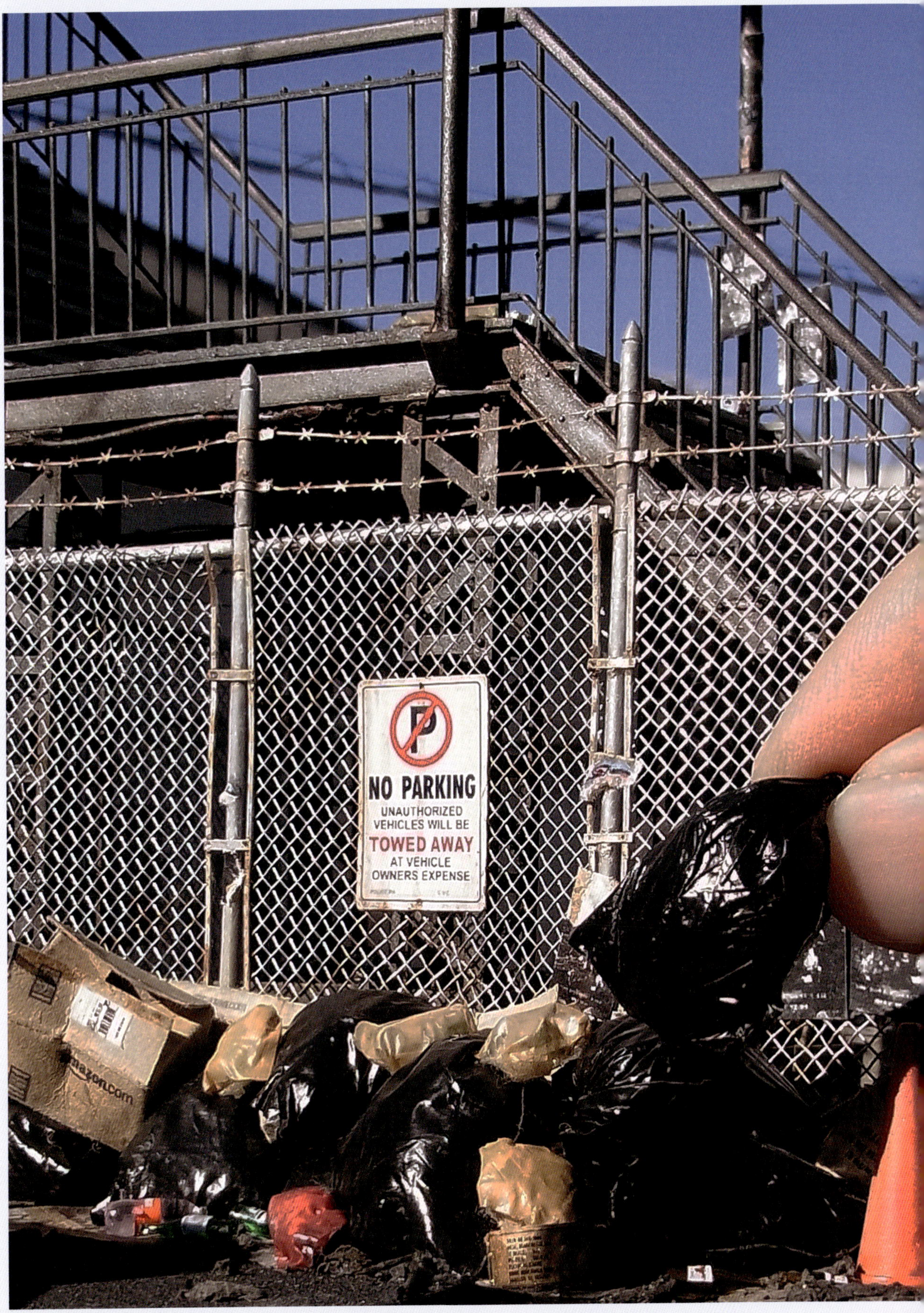
P
NO PARKING
UNAUTHORIZED
VEHICLES WILL BE
TOWED AWAY
AT VEHICLE
OWNERS EXPENSE
amazon.com

空き缶 & 空き箱の作り方

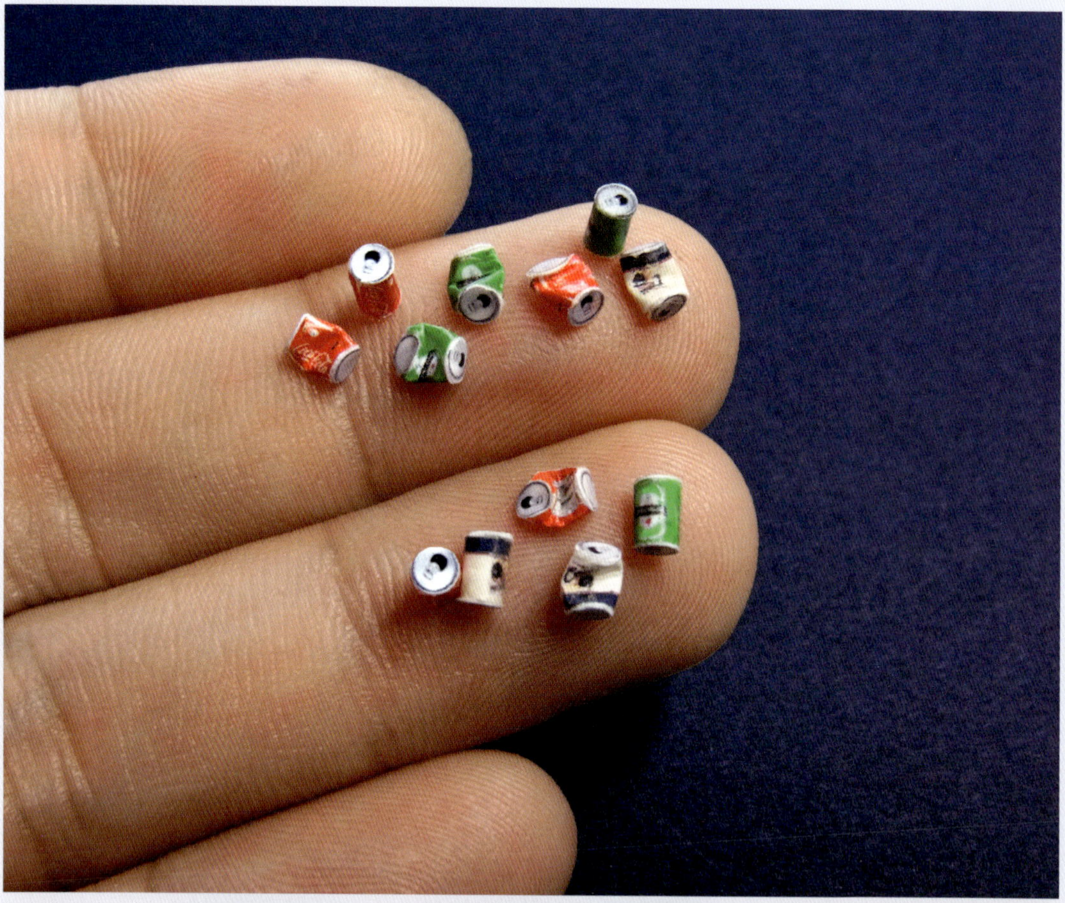

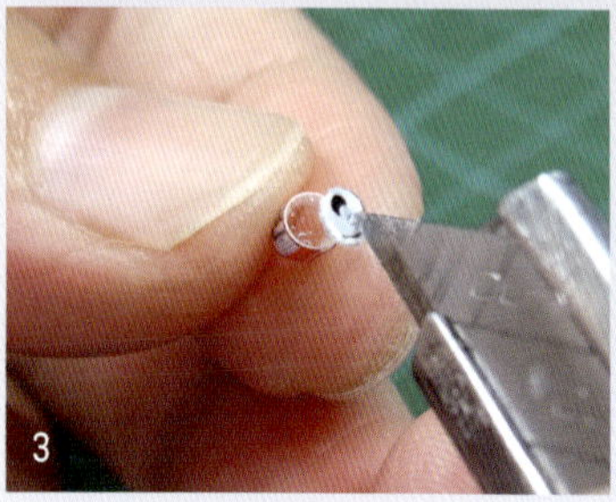

3

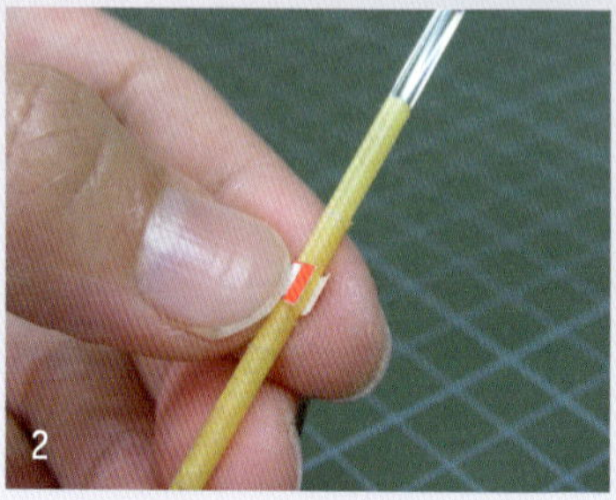

2

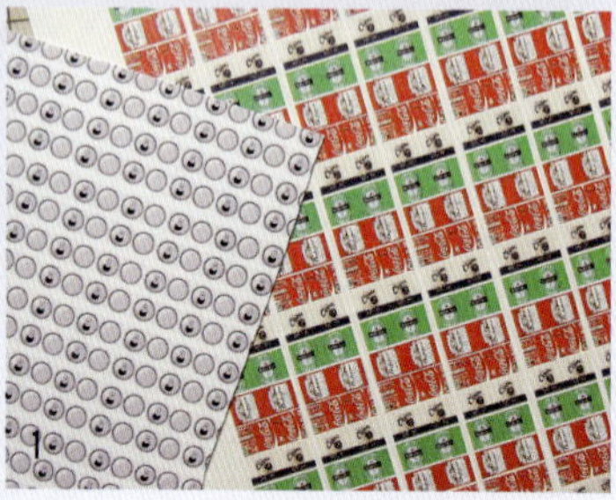

1

1 | 買ってきた缶を撮影して、
パソコンの画像加工ソフト「Photoshop」や「Illustrator」を使い、
缶の展開図(1/35スケール)を制作。
缶のフタと底は、実際の缶を撮影した写真を縮小したもの。
2 | 個別に切り出した缶の本体パーツを、
プラスチックの丸い棒(直径2mm)に巻き付けて丸みを出し、
合わせ目を液体ノリで接着。棒を引き抜くと中身が空洞の筒が完成。
3 | 筒の両側に液体ノリ(アラビックヤマト)を爪楊枝で付けてから接着。
缶のフタのパーツは印画紙で印刷しているので厚みがあります。
同直径のポンチで切り出せばきれいに丸く切り取れます。
カッターの歯の先端を使って慎重に接着したら完成です。
※本書の「帯」に展開図が載っています。

ミニチュア 空き缶の作り方

「ゴッサムシティ」の
ジオラマ演出に
重要な空き缶。
今まで作ったことが
ないものを
生み出すのは
とても楽しい。

1

4

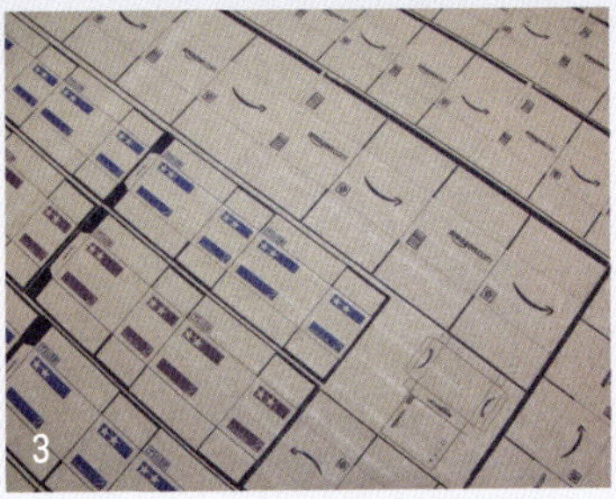

3

2

ミニチュア 空き箱の作り方

現代の生活で
欠かせない通販。
当然、ゴミの日は
ダンボールゴミも
出されますから、
そこもしっかりと
作りたいのです。

1 | ダンボール以外に、新聞紙、一般雑誌、アダルト雑誌なども、
1/35スケールで縮小プリントしました。

2 |「ミニチュアは本物と同じ素材を使うとリアルに！」はジオラマ作りの鉄則的金言。
実際のダンボール素材を使います。ミニチュアサイズであることを考慮し、
表面をむしって薄くした加工用の材料を準備。

3 | ダンボール箱の展開図を参考に、「Illustrator」ソフトで展開図を制作。
それを、家庭用のプリンターを使って、準備しておいたダンボール素材に印刷。

4 | 組み立てた状態。さらにリアルさを追求し、
ダンボールに貼られた伝票を制作、印刷してから貼ってみました。
捨てる時には個人情報の処理に気を遣い、
あて先部分を破る習慣ってありますよね？
重箱の隅をつつくようにそこも再現。

港の片隅で

DIORAMA

Googleの
画像検索で
ふと目に留った
1枚の写真から
広がった世界

偶然が生み出す物語は、いつもドラマチックで素敵です。

それはジオラマ制作の資料として「港」というキーワードで画像検索をしている時でした。導き出される画像の数々は、旅行を中心とした個人ブログからの引用がほとんどで、一緒に旅をしているような、楽しい時間を過ごしていました。すると、ある方のブログの写真に奇妙な光景を見つけて、目が釘付けになりました。

それは、海にあるはずの船が、なぜか空き地に置かれている写真でした。雨風にさらされ、木肌がシワのようになった船体。ところどころ板が剥がれ穴が開いている様子から、現役を退いてかなりの時間が経過していることが見て取れます。調べてみたら、昭和30年代まで活躍していた漁船で、北海道の海沿いにある公園に展示されていることがわかりました。数枚だけの写真でしたが、自然にその世界にトリップすることができ、瞬時にジオラマの構想が浮かんできたのでした。

行ったことがないのになぜか妙に懐かしい気持ちになる、港の片隅の風景。テトラポッドに囲まれた小さな空き地にひっそりと佇む、その存在すら忘れられた漁船。少しずつ木片が剥がれて土に還ってゆくその船は、静かに終焉を迎えるだけなのでしょうか？

ふと見るとその周囲に地域猫たちが生き生きと暮らしているが見えます。その船は彼らの大切な寝床になっているのです。毎年、たくさんの子猫が産まれる場所。生命のゆりかごになっている木造漁船。それは猫たちにとっての「ノアの箱船」のような場所。港の片隅で、生と死がくり返されている。

頭の中に浮かんだ物語を早く立体にしてみたい！ジオラマ作家の創作のきっかけは、こういう偶然から産まれることも多いのです。

写真上：実在する木造船の写真「紋別・ふるさと再発見! ブログ」より http://moon.ap.teacup.com/pramon/383.html
写真下：上記の写真を元に制作したジオラマ写真

港の片隅で［2011制作 scale 1/32］W:435mm D:305mm H:365mm

港の片隅で

港の片隅で

DIORAMA

ジオラマの
世界にも
時間の流れが
存在する
のです

ジオラマは「立体絵画」と表現されることもあります。実際の風景に置いて写真を撮ることで、何万通りの絵を描くのと同じ表現ができる。無限の可能性を秘めている絵画です。私の場合も、作り出したあとは青空の下に持ち出し、撮影によって幾重もの魅力を引き出しています。

このジオラマのシーン設定は、北海道にある港の片隅の駐車場です。そこには四季があります。春には新芽が美しく、夏は湧き上がる入道雲の下でさわやかな風を感じ、秋は夕陽の美しさに胸を打たれ、そして冬になると……一面の雪に覆われた別世界に。

季節による自然の変化ももちろんですが、太陽の位置だけとってみても、風景に変化があるはず。ジオラマも同様です。日光の下に置くと、時間の経過による光の入り方で作品の表情が変わり、そのたびに、自分の中に昔からあった記憶とシンクロして不思議な気分になります。

さて、ジオラマにおいての「リアルの追求」とは何でしょう？　私は、影がしっかりと出るように凹凸を作る「造型」と、光の反射や吸収を考慮した「質感」が重要だと考えます。

立体とは、光と影によって視覚化されるもの。光をうまく使うことで、凝縮された小さな世界でさえ、現実さながらに時間の経過を演出できるのです。

この作品では、漁船、テトラポット、そして、放置された軽トラックと、それぞれの質感の違い、できる影の違いが、本物のように見せる絵作りに貢献してくれています。実は、テトラポットは漁船と同じ「紙」でできているのですが、コンクリートに見えるように、表面に石膏を塗って質感を表現し、重量感を醸し出しています。

ここにある写真は、私の家のベランダで撮影したものですが、北海道の風景を想像できる写真に仕上げています。いつか、この船が置かれた北海道の空の下で撮影すると、まったく違う絵になったりするのか、試しに行ってみたいものです。

港の片隅で

DIORAMA

朽ちた木の肌をどう再現するか悩んだ結果……答えは紙でした

ジオラマを作り出す時、最初に決める重要なことは「再現するスケールの設定」です。細かい部分まで作り込むのに最適なスケールは1／32。これは、私がもっとも作り慣れている、好きなスケールサイズなのです。

次にやることは、マッチしたアイテムを探すこと。「漁船」のプラモデルなんて、さすがに欲しがる人も少ないマイナーなアイテム……と思いきや、実はマグロ漁船からエビ漁船までさまざまな種類が市販されている、隠れた人気商品なのです。しかし、それらは遠洋漁業の大型船（1／100〜1／150スケール）。私が作りたい小型の漁船とそのスケールは販売されていません。そうなるといつものようにこうなります。

「ないものは自分で作るしかない！」

この「作ろう」を決意した時の私は、先が見えない大海原に漕ぎ出したような、途方にくれた気持ちなのですが、と同時に、ワクワクしているのも事実です。

まずは素材探しから開始です！　もっともこだわりたいのは「乾燥した木の表層がめくれた表現」。実際の木を使って実験してみましたが、木の繊維まで縮小できるわけではないので、細かいめくれを再現するのに向いていないことがわかりました。

「困ったなぁ」……と、ふと目にしたゴミ箱に、Yシャツを買った時に襟の裏側に入っている厚紙を見つけ、すかさず手に取りました。これは、破ると断面がミルフィーユ状の繊維に割ける。それがリアルな木のめくれ表現に向いていると、その時気が付きました！

そもそも紙は木の繊維からできているので相性もいい。さらに、紙の利点である曲げやすさから、船体の微妙なカーブがとても作りやすい。そういえば、私が小学生の時には、「工作用紙」と呼ばれるメモリがプリントされた厚紙で、船や車、ロボットなど、なんでも作っていました。

新しいことにチャレンジする際には、過去の経験を振り返って生かすことも大事。まさか、紙工作でこんなに緻密な造型ができるとは思わなかった！　自分でも驚いた、朽ちた漁船の誕生秘話です。

廃船の作り方 | MAKING

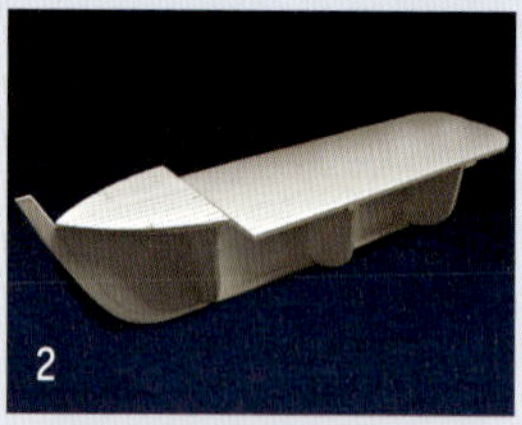

1 | 作り慣れた1/32スケールのサイズで、作りたい漁船の側面のイメージを描きます。これをそのまま図面代わりにします。実際の漁船はもう少し長いのですが、ジオラマの台の大きさに合わせるため、船体の長さを詰めて作図しました。 **2** | 立体物を作るには「正面、側面、上面」と、3方向からの作図が必要です。描いた側面図を厚紙（2mm厚のイラストレーションボード）に写して切り出し、重要な「背骨」とします。正面から見た断面3カ所（前方、中央、後方）を描いた厚紙を接着。上面甲板も切り出して接着します。 **3** | できた骨組みに、ケント紙を指でしごきながら側面の膨らみに合わせて曲げ、瞬間接着剤で固定。途中でカーブにシワが寄る部分が出ますが、そこはカッターで切り込みを入れて指で強引に押さえ込みます。 **4** | 形ができたら、側面の筋をカッターで彫刻し、細い板を貼ったような状態に。船底の側面と甲板に、カッターの刃を斜めに入れて引っかくように、いろいろな角度で切り込んでいきます。 **5** | 甲板はノコギリをスライドさせて木目を刻みます。 **6** | 細かい部品の作り込みも進めて、だいぶ船らしくなってきました。 **7** | 操舵室を作ります。これは単純な「箱組」の組み合わせです。窓枠や入口をカットし、甲板前方には釣った魚を入れる「いけす箱」を工作。表面に〔4〕の方法で木目を切り入れ、古くなった木の表面のめくれを再現します。 **8** | 仕上げに模型用の接着剤をしみ込ませるとカチカチになり、プラモデル並みのしっかりした堅さに。 **9** | 模型用塗料のグレーを筆で全体に塗装。その上に白色と青色を細かく点描的に塗り、ペンキがはがれた状態を再現。最後に、錆色をうっすらとしみ込ませて古さを演出したら完成です！

紙素材の可能性にチャレンジ！「朽ちた木造漁船」

「港の片隅で」に登場した木造漁船の作業行程を紹介します。

猫のいる光景 | COLUMN

人の生活の中に密着した「猫」という存在。
犬とは異なり、塀や屋根の上などの高い場所でも行動するので、
風景の一部としてなじみ、ジオラマのアクセントとなる点がいいのです。
また、豊かな表情の違いで、いる場所が、路地の日陰なのか、心地良い日だまりなのか、
ジオラマで再現した場所の空気感をみごとに表してくれるのです。
ここに紹介する猫はすべて1/35。
同スケールの戦車のアクセサリーとして発売されているパーツや、
模型用粘土（パテ）で自作したもの。猫の大切な感覚器官であるヒゲは、筆の先をカットしたものです。

ジオラマの中に
猫を
滑り込ませれば、
それだけで
魅力倍増の法則

やきいも

DIORAMA

博物館に飾ってあった1枚の屋台写真から

東京には素敵な博物館がいくつもあります。特にお気に入りは、小金井公園内にある「江戸東京たてもの園」。江戸時代から戦前までの、東京を代表する建物が移築され、1つの街のようになった野外展示の博物館。特に、昭和の香りが漂う下町のエリアは規模としても圧巻で、映画やTVドラマの撮影でもよく使われています。

野外展示の魅力は、季節によって見え方に変化があること。その景色の移ろいを感じるために、今でも年に数回は訪れています。

エントランスの展示室に飾ってあった1枚の白黒写真がとても好きでした。それは昭和30年代の駅前の風景。オート三輪「ミゼット」の荷台に焼き台を載せただけの小さな焼き鳥屋さんは、店主の笑顔がとても印象的。「いつかジオラマで作りたい風景リスト」に入れておこう！　と。

映画「ALWAYS 三丁目の夕日」を観たあとの感動を引きずって

映画「ALWAYS 三丁目の夕日」は、昭和30年代の庶民の生活風景をリアルに再現した画作りと、心に染み入る脚本、全三部作のストーリーが見事で、何度も劇場に足を運ぶほど影響を受けました。

あの昭和の世界をジオラマで再現したい！　偶然にも、博物館で見た写真のミゼットが、映画の主人公が乗るクルマと同じ車種。これは！　……私の中で妄想が広がりました。映画の再現ではなく、その時代にこそ存在するさりげない日常シーンに、映画の中で描かれていた「親子愛」のエッセンスを加えて……。「三丁目の夕日」の中のもう1つの物語をここに。

戦地から戻った青年がさまざまな仕事を経てたどり着いたのは、中古のミゼットを買って始めたやきいも屋。少しだけ豊かになった時代だからこそ、自慢のやきいもを美味しく食べてもらいたいという思い。香ばしい匂いに誘われて、親子が買いにやって来ました。

やきいも [2007制作 scale 1/32] W:342mm D:234mm H:330mm

やきいも［2007制作 scale 1/32］W:342mm D:234mm H:330mm

石焼いも

Toshiba
東芝
ランプ

郵〒便
POST

郵〒便
POST

西瓜の夏

DIORAMA

**石橋、
西瓜、
せせらぎ、
夏の匂い……。
川には鯉を
泳がせたい**

私は小学生の頃に熊本に住んでいました。熊本といえば、県民の誇り「熊本城」の存在。残念ながら地震で傷付いてしまいましたが、地震の被害に遭わなかった石垣の美しさは健在です。

その石垣は、熊本城の築城の際に全国から集まってきた石工集団が生み出しました。築城後には国に帰らずこの地に根を下ろし、県内に多くの石橋を生み出していきました。

とにかく熊本の石橋は美しい。のどかな小川の風景に溶け込む、アーチ状に積まれた石橋は、堂々とした佇まいの中に女性的なやさしさがあり、絵画や写真の題材にもよく取り上げられるフォトジェニックな姿が魅力的です。

それらを集めた石橋の*写真集が出版されており、その本で見つけたある橋にひと目惚れしてしまいました！　熊本県内に大切にされている、江戸末期1849年に造られた「大窪橋《おおくぼきょう》」です。小さな川に掛かる、1つのアーチで作られたシンプルな石橋。田舎に作られた橋にしては立派な造り。魅力が詰まったこの橋をモチーフにしたジオラマを作りたい……。

私の熊本時代の記憶の中には、楽しかった夏休みの思い出、夏の陽射しがいつまでも輝いています。その記憶を大切にして、ジオラマのシーンは夏の風景で作りたい……。そして夏と言えば西瓜！　熊本は西瓜の名産地なのです。本物の大窪橋は自転車しか渡れないぐらいの幅ですが、ジオラマでは橋の幅を広げて、昭和に活躍した軽トラックを組み合わせよう！

トラックの荷台にはおいしそうな西瓜が積まれていて、運転席には日焼けした若い農家の青年。運転席から見える川は驚くほど澄んでいます。

県内にはいたる所で名水、湧き水がありますが、阿蘇山に降った雨が地下で濾過《ろか》され、とても透明な水面《みなも》が多いのです。川には錦鯉、川沿いには柳がそよ風に揺れています。いつまでも枯れない川と緑、涼しげな風景が凝縮されています。

*『石橋 伝えたい日本の橋』平野暉雄(自由国民社)

西瓜の夏 ［2008制作 scale 1/32］ W:342mm D:234mm H:260mm

西瓜の夏［2008制作 scale 1/32］W:342mm D:234mm H:260mm

川や海の作り方 ｜ MAKING

ジオラマ界では高等テクニックとされる川や海の再現には、「透明レジン」という素材を使います。
正確に計量した主液と硬化剤の2液を撹拌し反応させることで固まるもの。太陽の光を受けてキラキラ反射する川、濁りがあるアマゾンの川、そして波しぶきで泡が残る海の水などはすべて、実はガラスのようにカッチカチなのです。
8時間という長い硬化時間。その間にゆっくりと固まってくるレジンの表面を突いてテクスチャーを付けたり着色したり。根気のいる作業ですが、完成した状態を見ると、自分でもうっとりしてしまいます。

いつまでも枯れることなきアクアリウム

フランスの小川［1996制作 scale 1/35］

アマゾンの川［2014制作 scale 1/144］

伊豆の海岸［2006制作 scale 1/87］

ツタの再現方法

春夏秋冬、季節によって葉の色に変化が生じて表情が変わる、ツタのある風景。
ジオラマでは、ツタを加えるだけで作品が生き生きしてくるので「魔法のアイテム」と言えます。
1/24~1/35スケールのツタの葉の再現に最適なものは、なんと「白樺の花」を乾燥させた自然素材！
「猫じゃらし」によく似た花を分解してみると……中から、ツタの葉の形をした花の一部が出てきます（P94~95参照）。
「ツタのつる」部分の表現には雑草の根を使います。よく洗い乾燥させたものを、ツタが横に伸びる法則にしたがって、
瞬間接着剤（ゼリータイプが便利）で作品の壁に固定。白樺の花を１枚ずつ、葉っぱが地面と水平になるように
同じ接着剤で固定します。秋のシーンならば枯れた状態のままで、春から夏の季節のシーンならば葉を緑色に塗装すれば完成です。

「建築の失敗は
ツタで隠せ」の
格言が
模型では……

納屋の傍ら [2014制作 scale 1/24] W:215mm D:215mm H:350mm

昭和の終わりに

DIORAMA

知らない車が
集められていた
国道沿いの
廃車置き場は
宝の山に
見えました

「子供の頃に夢中になった廃車置き場をジオラマにしてみたい」。それが出発点でした。

街から少し離れた国道沿いの、うず高く積み上げられた廃車置き場。ドライブ中、父親が運転する車の窓からその場所を見つけると、いつも後部座席から身を乗り出したものです。

物心ついた頃からとにかく車が好きで、図鑑でしか見たことがなかった古い車種をその山の中に見つけた時には、息をするのも忘れるほど見つめ続けました。

この作品「昭和の終わりに」は、「昭和63年の秋」というサブタイトルを付けています。これから数ケ月後に昭和が幕引きとなり、年号は平成へ。この情景は、そんな昭和最後の秋を想定したもの。高度経済成長期に日本人の生活を支え続けた働く車。車検制度がしっかりと確立した日本においては、トラックなどの商業車は10年ほどで廃車になります。人のために尽くし、そして寿命を終えた働き者たちが静かに眠る場所。激動の昭和を振り返りながら、静かにその時代の終焉を見守っているという、哀愁漂う情景です。

一般的に車の模型は、美しい光沢塗装で仕上げをきれいにするのが常識。しかし、この作品は廃車置き場のシーンですから、使用感タップリの汚れや錆びた状態の塗装が必要となります。それは戦車模型の塗装ではよく使う手法でお手のもの。独特の錆び塗装を車の模型に応用しました。

登場する4台は、手前からまずバキュームカー。次に、昭和のトラックによく見かけたツートンカラーが懐かしい運送トラック。その荷台にはさらに小型の車が！　ナショナル（現在パナソニック）ショップの専用車で、街の小さな電気屋さんが使っていたもの。一番奥にある三輪トラックは、昭和30年代に大活躍した車。朽ちて錆の侵食がかなり進んでいます。

実は、この三輪トラックとその手前のトラックの荷台の横には、同じ社名「昭栄運送」が書かれています。つまりこの会社が使っていた歴代のトラックが眠っているという設定です。時が流れ、会社が大きく発展するたびに買い替えていった社歴……いや、車歴がここにある。そんな情緒的なストーリーを込めてみました。

昭和の終わりに［2007制作 scale 1/32］W:342mm D:234mm H:260mm

昭栄運送株式会社
CANTER
株式会社

昭和の終わりに ［2007制作 scale 1/32］ W:342mm D:234mm H:260mm

（有）肥後衛生興業

運送株式会社
CANTER

昭和の終わりに

DIORAMA

幼少の私にとって、バキュームカーはスポーツカーよりも魅力的でした

男の子の人生最初の嗜好品として、ミニカーブランド「トミカ」は外せないアイテムです。親が買い与える最初のトミカは無難に「スポーツカー」が多いのですが、やがて、ねだって買ってもらう車種に、その子供の趣味嗜好がハッキリ表れてきます。

私の場合は、すべてがトラックタイプの働く車。ダンプカー、ゴミ収集車、生コンクリートミキサー車。流線型の速そうなデザインの車よりも、力強さがみなぎるトラックのほうがかっこよく思えました。

中でも、もっともお気に入りだったのが、なんとバキュームカー！　昭和の時代にはまだ汲み取り式のトイレが多く、街中でもよく見かけた車。「特殊な装備の働く車が自分の家のためにやって来た！」という特別感を好ましく思いつつ、暮らしに欠かせない存在というところが身近に感じられたのです。さらにまた、「乗っている方は、人のために大変な仕事をやっている人」と母親から教わり、「すごく偉い大人が働いている」という目で見ていた記憶も強く残っています。

廃車置き場ジオラマを作ろうと思いついた時に、そのコンセプトは「昭和に活躍した車の終焉の地」でした。候補として頭の中に真っ先に浮かんできたのは、もちろん、私が敬愛する働く車、バキュームカーだったというわけです。

私の子供の頃には、あらゆる種類の働く車のプラモデルが発売されましたが、バキュームカーだけはついに最後まで発売されませんでした（ミニカーでは何種類も出ていた）。「三菱キャンター」という、昭和に大活躍したトラックのプラモデルが最近になって発売されたのをきっかけに、ジオラマビルダーがこれを使って昭和なジオラマを作って楽しんでいました。

私は、このトラックの運転台のパーツをだけを使い、バキュームカーのタンク部分はプラ板を加工してすべて自作し、バキュームカーが主人公になる作品を作ったのです。

制作のための資料は、ネットの画像検索のみ。車体横に書かれた「㈲肥後衛生興業」は、私が子供時代を過ごした熊本を舞台に設定しているので、そこにありそうな架空の会社名にしました。

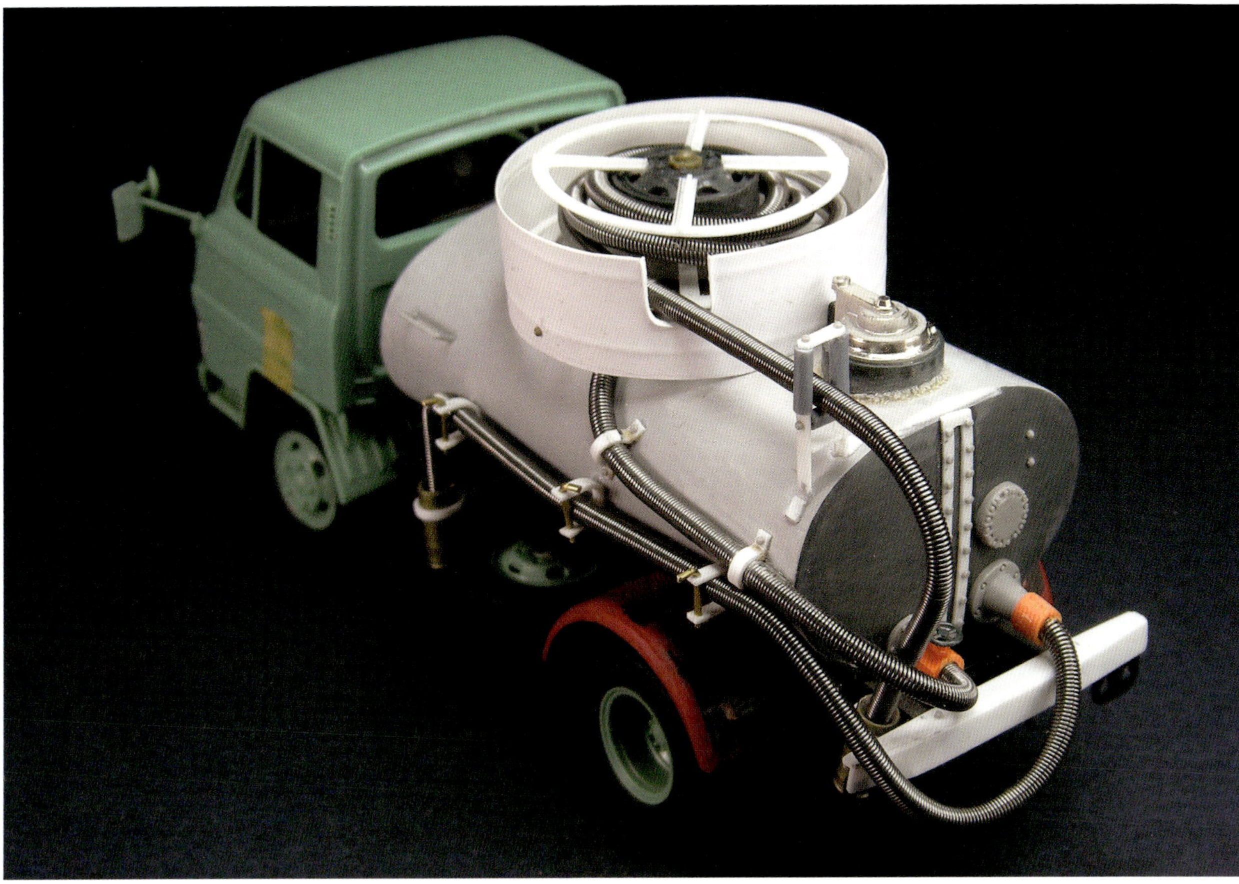

(有)肥後衛生興業
0963-85-0584
(有)肥後衛生興業

鋳の再現方法 | MAKING

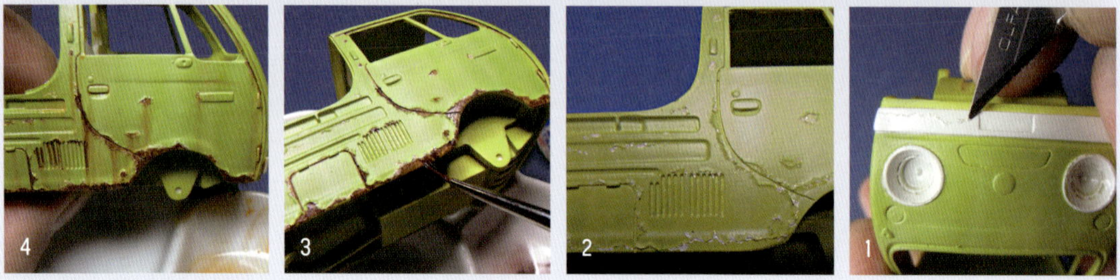

廃車模型を
リアルに
演出する
錆塗装の方法

車などの鉄部分に
浮いた錆には
いろいろなタイプが
ありますが、
特に湿気の多い場所で
進行する錆の塗装法を
紹介します。

1&2 | 錆が進行して塗料が「かさぶた」のように剥がれた状態を、
カッターの刃を斜めに切り入れて、模型の表面に直接傷を付ける方法で再現します。
私はこれを「ダイレクトカット法」と命名しました。
刃の先端で表面を薄く削ぎ取るような感じで傷を付けるのがコツです。
車体色（ラッカー系）を塗装します。
時間が経過して退色したように見せるために、少し白を加えるのがコツです。

3 | 塗装が剥がれた部分に、錆色として「ハルレッド」（タミヤカラー・アクリル）を使います。
ムラになるように、ラフな感じで塗っていきます。
ちなみに、錆は、湿気が多い、車体の下から広がるのが特徴です。

4 | 決め手となる「クリアオレンジ」（タミヤカラー・アクリル）を専用溶剤で薄めたものを、
平筆にタップリ付け、上から下へ撫でるように筆を動かして塗ります。
先に塗装したハルレッドが少し溶け出し、本物の錆が流れるような演出が可能です。

パンクタイヤの作り方

MAKING

大きなスケールの車のプラモデルのタイヤは本物同様に内部が中空になってリアルですが、
小さいスケール（1/32〜1/24）のタイヤは、残念ながら中身が詰まったゴムのかたまり。
しかし、簡単に「パンクした状態」にする方法を発明しました！

---

1 ｜ まず、タイヤの円筒部分の側面を、パンをスライスする要領で、
厚さ1mmになるよう、カッターで垂直に切り込みを入れます（表裏両側共）。
2 ｜ 切り入れた溝の左右面が壁になってお堀ができる感じに、今度は水平に切り込みを入れます。
壁がなるべく薄くなるようにします。カットする深さは、タイヤ中央の穴からギリギリにするのがコツです。
（カッターでの作業はケガに十分ご注意ください。私はよくこの作業で指を切ります！）
3 ｜ できた溝に、瞬間接着剤（ゼリー状タイプ）を流し入れます。
4 ｜ 0.3mmのプラ板の上に置いて、上から押し付けると、薄く切ったタイヤの壁が左右に広がり、つぶれた状態になります。
5 ｜ 接着剤が完全に乾いたら、プラ板の余分なところをカットします。切った断面は紙ヤスリで角を取ります。
6 ｜ このようにして、簡単にパンクタイヤが完成！
つぶれ具合の調整は、1&2で行う切れ込みの深さを変えればお好みの状態に再現可能です。

廃車模型を さらに リアルにする 「パンクタイヤ」 の作り方

指との比較 | COLUMN

1. ベスパ [scale 1/35] Diopark製のプラモデル

2. マツダ K360 [scale 1/150] Nゲージの鉄道模型用ミニカーを廃車塗装

4. ショッピングカート [scale 1/35] ジオラマ用のエッチングパーツ部品を組み立て

3. 王蟲 映画「風の谷のナウシカ」に登場する巨大昆虫。中学生の頃に自作

自分の作品を
幅広い層の人に見てもらいたい！
ジオラマ作りと同様に
写真を撮ることも趣味の1つ。
デジカメやスマホのカメラは
接写機能が優れていて、
実物よりも迫力が出るアップの写真が
撮影可能です。しかし、そのサイズが
伝わりにくいのが悩み。
そこで、世界じゅうの人が
ひと目でわかるゲージとして、
自分の指を入れて
撮影するようにしました。

緻密さを
表現する
世界共通
ゲージ……
それは指！

5. ホンダ・カブ ［scale 1/24］ 完成済みの食玩（お菓子のおまけ）を改造

6.ZAKU 食玩のオマケを改造し塗装

7. 軽装甲機動車 缶コーヒーのおまけのミニカーをライトも光るように改造

8. 61式戦車 缶コーヒーのおまけのミニカーを改造し塗装

トタン壁の造船所

DIORAMA

「必ず生きて還って故郷に造船所を開こう！」その港町には戦後と友情が残っていた

どこかにありそうな風景、リアリティのある空間を作り出すには、たんに緻密な工作と臨場感溢れる塗装だけで済むわけではありません。「とある港町に実在するような造船所」を再現しようと思い立ちました。そんな時は、完成シーンを取り巻く風景、光、風、さらに歴史までもを自分で生み出す……そう、「妄想」して作り込んでいくのです。

ジオラマを作る行為は、映画作りに似ています。私は監督兼脚本家兼美術監督兼照明班……すべてを担当するマルチクリエイターとなります。これから書くのはこの作品のシーンに至るまでの物語で、私が作り出した架空の話。このジオラマでは特に、以下のように細かな設定を準備して作り始めました。

それでは「本番、ヨーイ、アクション！」

駅の改札を出るとすぐ、工作機器の作業音が響いてくる。粘りつく潮風に混じりうっすらと鼻孔に届くのは、機械油のすえた匂い。瀬戸内特有の淡い緑青色をした海。波打ち際に続くコンクリート製のスロープ。ピントがボケた背景のように視界に浮かんでくるトタン壁の建物は、赤茶けた錆がそこかしこに浮き出ていて、そこにかすれたペンキ文字で「藤後造船」と。

スロープに置かれた修理中の漁船2隻の間を、作業服姿の若者数名が駆け回っていた。建屋からやや離れた岸壁では、2人の老人が海に向かって足を出して並び、その様子を愛おしそうに眺めている。

「必ず生きて還って故郷に造船所を開こう！」

それが彼らの合言葉だった。太平洋戦争下、激戦地となった島。艦船の修理任務に就いていた2人は、呪文のようにそう唱え合い励まし合って砲弾銃弾をくぐり抜け、奇跡的にこの地に還ってきた。それは、命を支えた悲願の妄想造船所。藤井と後藤、屋号はそこから、藤後造船。高度経済成長期には休む暇もなく漁船を作り続けて国の成長の末端を支え、そして今……。

「トタン壁の造船所」。地元の街では人々にそう呼ばれ愛され続けた、小さくて大きな夢の場所は今……。

藤井と後藤。2人の息子たちが跡を継ぎ、この内海で新たな友情を紡ぎ始めた。

藤後造船

M3-50456
JM7WKA
212-14383

トタン壁の造船所 [2011制作 scale 1/64] W:435mm D:305mm H:365mm

トタン壁の造船所 ［2011制作 scale 1/64］ W:435mm D:305mm H:365mm

安全第一

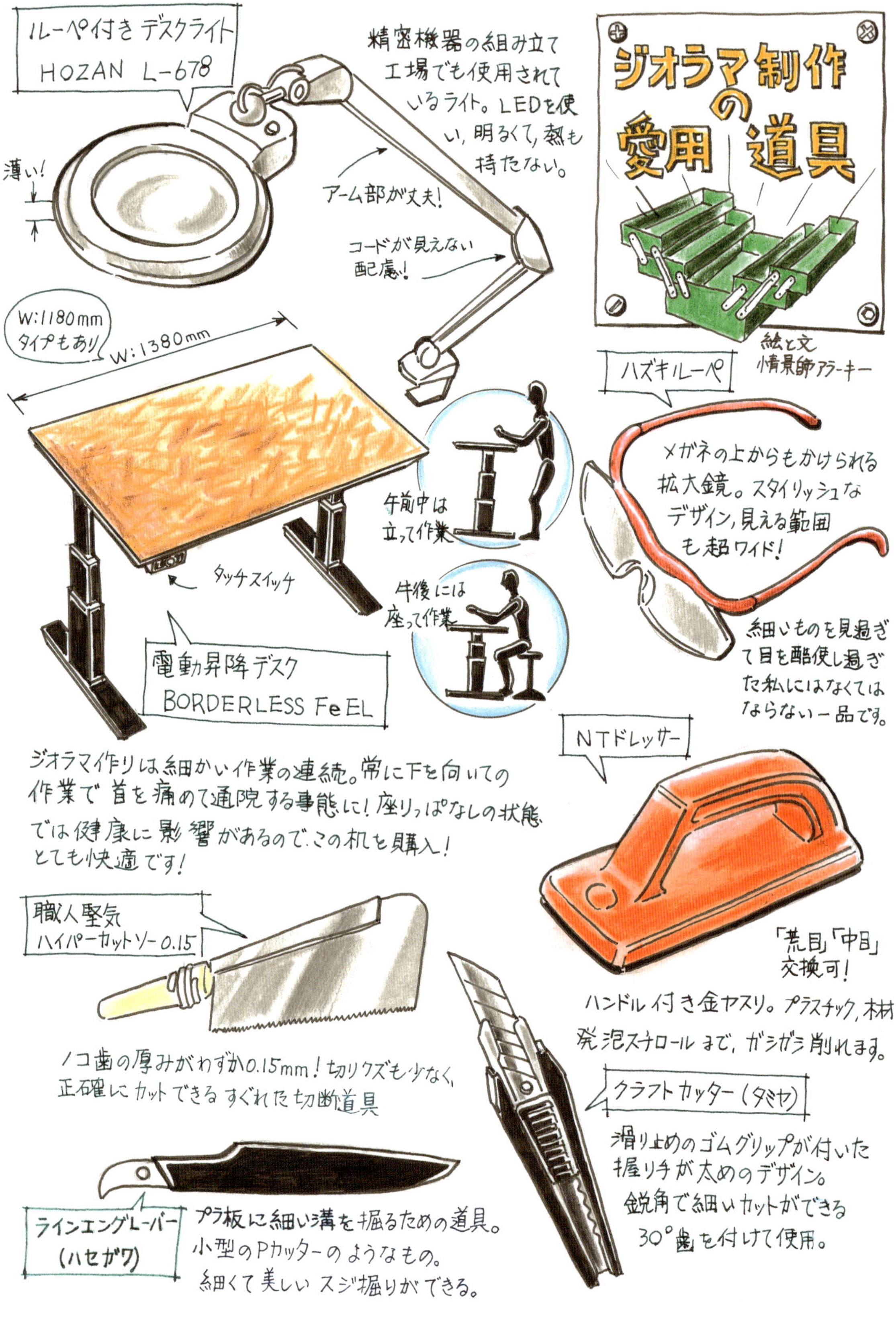

ジオラマ制作の愛用道具
絵と文 情景師アラーキー
ルーペ付きデスクライト
HOZAN L-678
精密機器の組み立て工場でも使用されているライト。LEDを使い、明るくて、熱も持たない。
薄い!
アーム部が丈夫!
コードが見えない配慮!
W:1180mm タイプもあり!
W:1380mm
午前中は立って作業
午後には座って作業
タッチスイッチ
電動昇降デスク
BORDERLESS FeEL
ジオラマ作りは細かい作業の連続。常に下を向いての作業で首を痛めて通院する事態に!座りっぱなしの状態では健康に影響があるので、この机を購入!とても快適です!
ハズキルーペ
メガネの上からもかけられる拡大鏡。スタイリッシュなデザイン、見える範囲も超ワイド!
細いものを見過ぎて目を酷使し過ぎた私にはなくてはならない一品です。
NTドレッサー
「荒目」「中目」交換可!
ハンドル付き金ヤスリ。プラスチック、木材、発泡スチロールまで、ガシガシ削れます。
職人堅気
ハイパーカットソー0.15
ノコ歯の厚みがわずか0.15mm!切りクズも少なく、正確にカットできるすぐれた切断道具
クラフトカッター(タミヤ)
滑り止めのゴムグリップが付いた握り手が太めのデザイン。鋭角で細いカットができる30°歯を付けて使用。
ラインエングレーバー(ハセガワ)
プラ板に細い溝を掘るための道具。小型のPカッターのようなもの。細くて美しいスジ掘りができる。

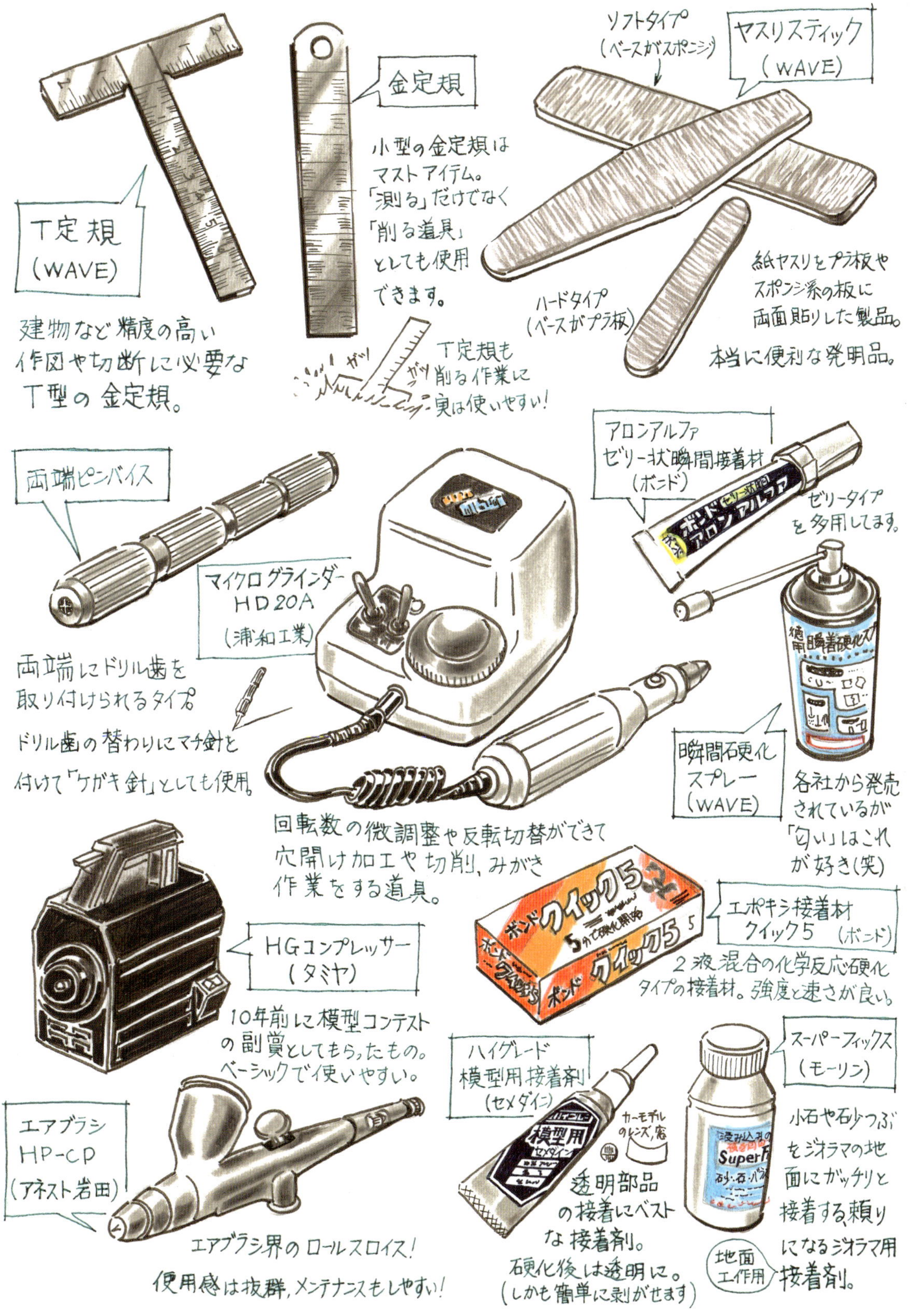
T定規
(WAVE)
建物など精度の高い作図や切断に必要なT型の金定規。
金定規
小型の金定規はマストアイテム。「測る」だけでなく「削る道具」としても使用できます。
ガッ
ガッ
T定規も削る作業に実は使いやすい!
ソフトタイプ
(ベースがスポンジ)
ヤスリスティック
(WAVE)
ハードタイプ
(ベースがプラ板)
紙ヤスリをプラ板やスポンジ系の板に両面貼りした製品。
本当に便利な発明品。
両端ピンバイス
両端にドリル歯を取り付けられるタイプ
ドリル歯の替わりにマチ針を付けて「ケガキ針」としても使用。
マイクログラインダー
HD20A
(浦和工業)
回転数の微調整や反転切替ができて穴開け加工や切削、みがき作業をする道具。
アロンアルファ
ゼリー状瞬間接着材
(ボンド)
ゼリータイプを多用してます。
瞬間硬化スプレー
(WAVE)
各社から発売されているが「匂い」はこれが好き(笑)
エポキシ接着材
クイック5 (ボンド)
2液混合の化学反応硬化タイプの接着材。強度と速さが良い。
HGコンプレッサー
(タミヤ)
10年前に模型コンテストの副賞としてもらったもの。ベーシックで使いやすい。
エアブラシ
HP-CP
(アネスト岩田)
エアブラシ界のロールスロイス!
使用感は抜群、メンテナンスもしやすい!
ハイグレード
模型用接着剤
(セメダイン)
カーモデルのレンズ、窓
透明部品の接着にベストな接着剤。
硬化後は透明に。
(しかも簡単に剥がせます)
スーパーフィックス
(モーリン)
小石や砂つぶをジオラマの地面にガッチリと接着する頼りになるジオラマ用接着剤。
地面工作用

かぶとむし／てんとうむし

魅力的な状態を追い求めて美しい錆の世界へ

湿気と雨の多い日本は、すぐに錆が発生する「錆天国」です。酸化が進行して変化する錆の色、じっくり観察すると、実に豊かな色の種類があることに気づきます。パンの焦げ目のように発生する「ジワジワ錆」。内側から進行して、かさぶたのように塗装膜が剥げてくる「ペリペリ錆」。錆が雨に洗われて少しずつ流れ出ると、水墨画の滝のように微妙なグラデーションが生み出され、実にアーティスティックです。

錆が発生しやすい金属製トタン波板は、戦後、広く普及したので、街中でも錆に覆われた「魅力的な状態」を今でも時折発見できます。その光景を見つけるたび、つい、立ち止まり観察してしまうのです。

「これを模型で表現したい」その昔、本物の錆をナイフで削ぎ落とし、木工用ボンドで模型に貼り付けてみましたが……思ったよりもいい感じにならずに、がっかりした思い出があります。

朽ちてゆくものに哀愁を感じる日本人

田舎の国道沿いの草むらに廃車を見かけることがあります。使われなくなって長年放置され、錆に覆われている姿。昭和30～40年代の車は丸いライトが基本で、それが瞳のように見えてどこか生物的な感じがするのです。

その様子が哀しく見える時もあり、また、安堵の表情で静かに眠っているように感じられたりもして、とても魅力的な雰囲気なのです。

長年、木と土の文化を携えてきた日本人は、使われなくなったものはやがて土に還って生まれ変わるという輪廻の思想を持っています。朽ちてゆくものは終わりではなく次の始まり。廃車の魅力もそこにあります。

生まれ変わるための準備というポジティブな発想。けっして死んでしまったわけでなく、大地に還ってゆく旅人の姿、それが錆ついた廃車なのです。

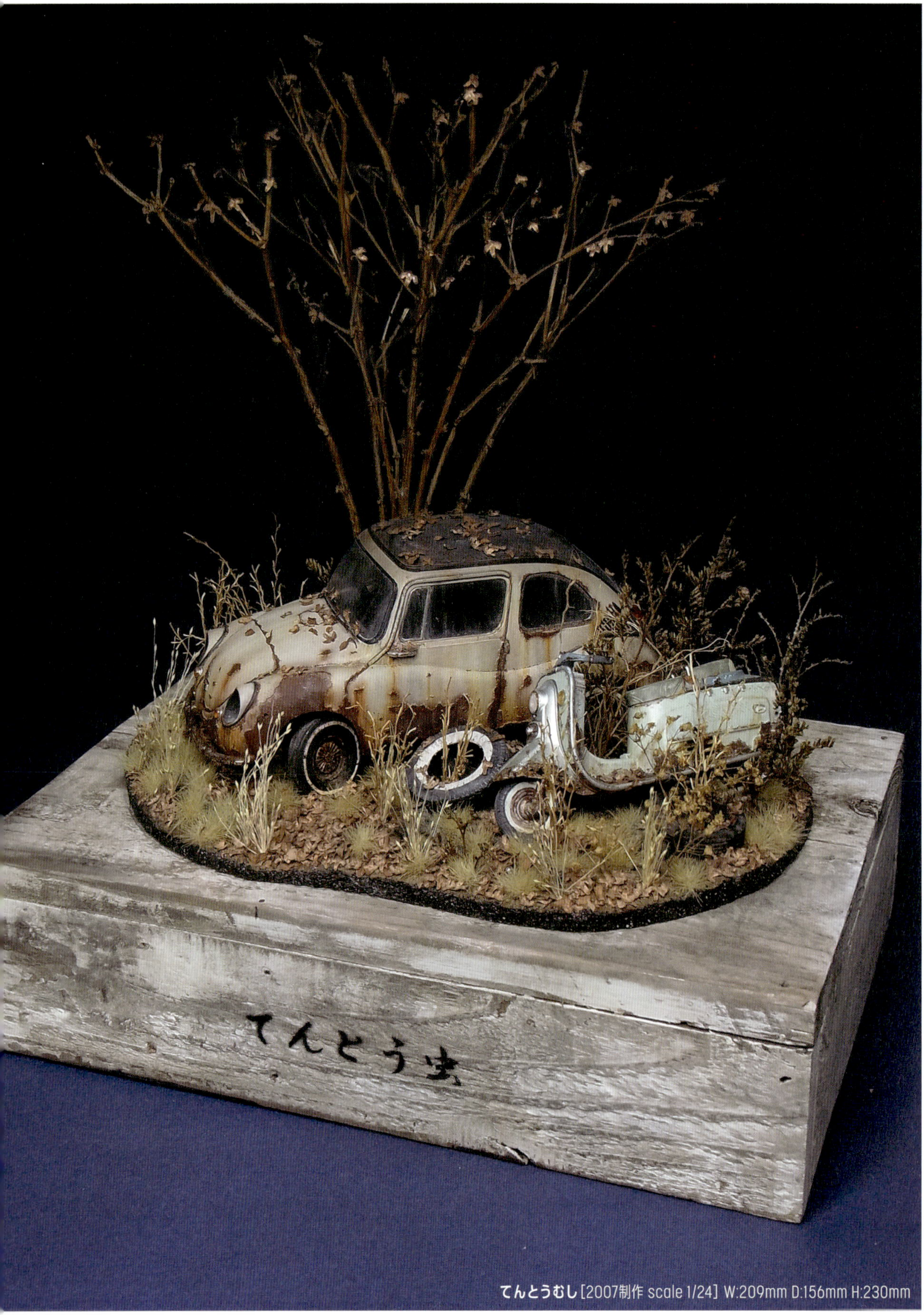

てんとうむし［2007制作 scale 1/24］ W:209mm D:156mm H:230mm

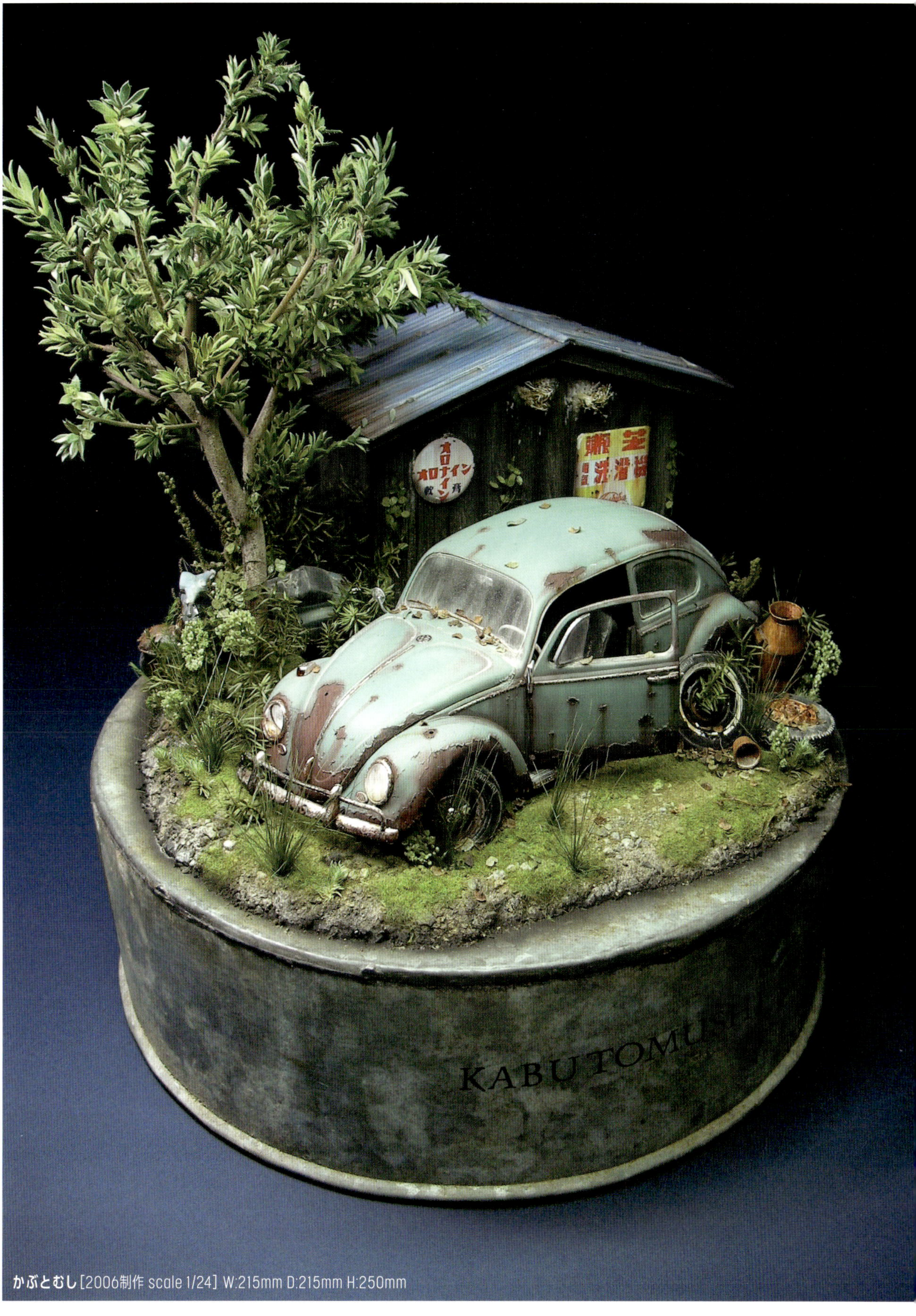

かぶとむし［2006制作 scale 1/24］ W:215mm D:215mm H:250mm

オロナイン

生活の再現 COLUMN

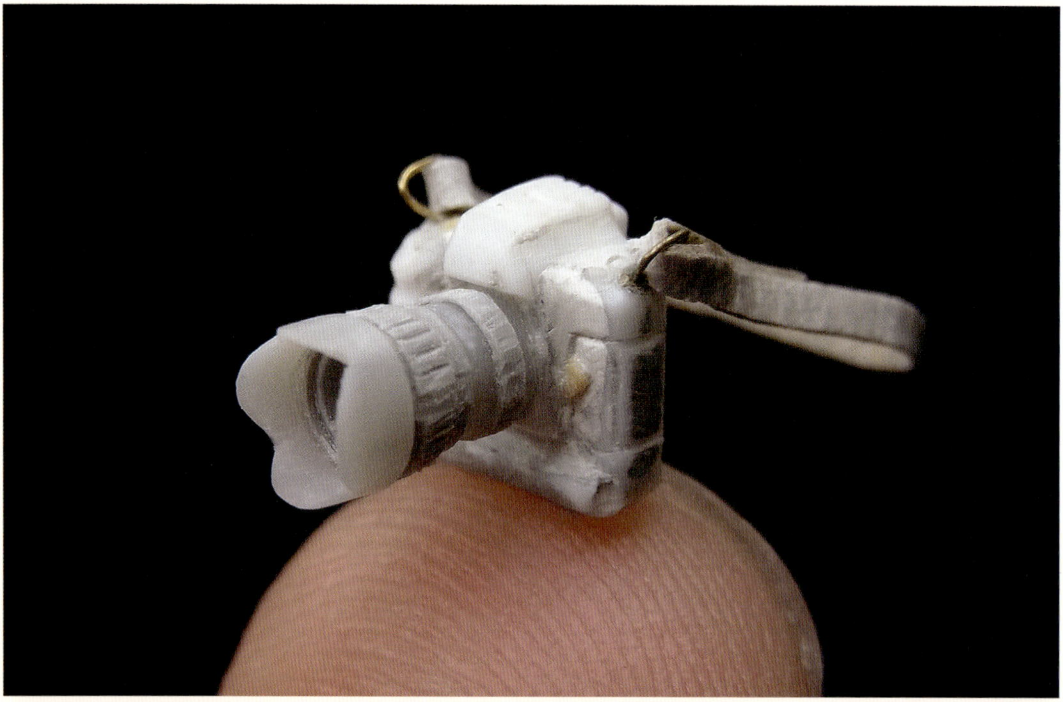

CANON EOS-1D [scale 1/35]

日常を再現したジオラマを作る際には、その時代や地域に存在した小道具も作り出さねばなりません。
現物の写真や図面を調べてから、極小サイズで作るのは、苦行であり、また最高の楽しみでもあります。

カメラのカタログ画像を1/35スケールに縮小コピーして、それを図面に起こしてから、プラスチックの板やパイプを組み合わせて制作。

ジオラマは生活道具の集合体

2. 魚の骨 [scale 1/24]

1. クーラーの室外機 [scale 1/35]

4. 電信柱 [scale 1/35]

3. 柿の実 [scale 1/32]

1. この1/35スケールはジオラマでもっとも発展している分野で、実にユニークな商品が販売されています。この室外機もそうです。断熱材を巻いたパイプは自作して追加。

2. 野良猫に食べられた魚。エポキシパテ（模型用粘土）で頭と尻尾を作り、骨は0.3mmの真鍮線をハンダ工作で接着しています。

3. エポキシパテで自作。この粘土は2種類の粘土を練り合わせると2時間ほどで固まるタイプ。ガム状なのでとても使いやすく、緻密な物を作れます。

4. 木の棒と針金、プラモデルのパーツを組み合わせ、ネットで探した電信柱の写真を参考にすべて自作。ごちゃごちゃした物をリアルに再現するのがジオラマの奥深さです。

混沌《こんとん》の街

DIORAMA

作りたい
衝動と
作りたくない
葛藤。
バランスを
取ったら
あの人が登場

戦争映画、天変地異や異星人侵略などのパニック映画、そして日本の十八番である怪獣映画……。「迫力ある破壊シーン」の特撮映像が見所となった映画が大好きです！　古い作品ならば、大規模な実寸のセットや大道具に爆薬を直接仕掛けて撮影する特撮映像に目を見張ります。

そして、CGを多用した昨今の「ほぼ実写」のような映像には深く感心して、日常や文明が崩壊する「滅びの美学」を感じたく映画館に通っています。

しかし、破壊された日常……これは連日飛び込んでくる報道写真の中にもあります。さまざまな戦争での都市破壊の姿や、地震で崩れるビルなどは、映画の中の世界と違い完全に「リアル」な現状。リアルを追求した映画の映像と、リアルな現状を伝える報道の映像。一方はエンタテインメントであり、一方は目を背けたくなる事実。ジオラマ作家として「リアル」を追求するにあたり、その着地点をどこに置くのか。それは難しい問題として常に私の中に残るのです。

実はこの作品は、「破壊された都市の建物」と「破壊された車」を作りたいという衝動がきっかけでした。壊れた状態を作り出すことはテクニック的にハードルが高く、やりがいのある造作です。

都市の破壊というと「地震」という切り口もありますが、地震災害の話が日常化している昨今では避けたいテーマ。また「都市部で起きた戦争」という視点では、中東地域の紛争……まだ傷が癒えぬ状態……は、生々し過ぎて重いテーマとなります。

そこでこんなことを思いつきました。登場する主役として、独特のスローなしゃべりで有名な戦場カメラマンをモチーフにしたフィギュアを制作。そして、「彼の視点からの戦争」という切り口で、兵士や戦闘車両がいっさい出てこないシーンを作ろうと。

この作品における影の主人公である「破壊されたベンツ」は、実はプラモデルの箱絵がすでに「中東地域の戦争を思わせる背景画と車体に弾痕がた付いた絵」になっています。それはつまり、「そのシーンを作りたくなる」衝動を、プラモデルメーカーが巧みに仕掛けているのです。

混沌の街［2014制作 scale 1/35］W:364mm D:205mm H:360mm

GESTING HOUSE KARVAN

材料仕分けBOX

COLUMN

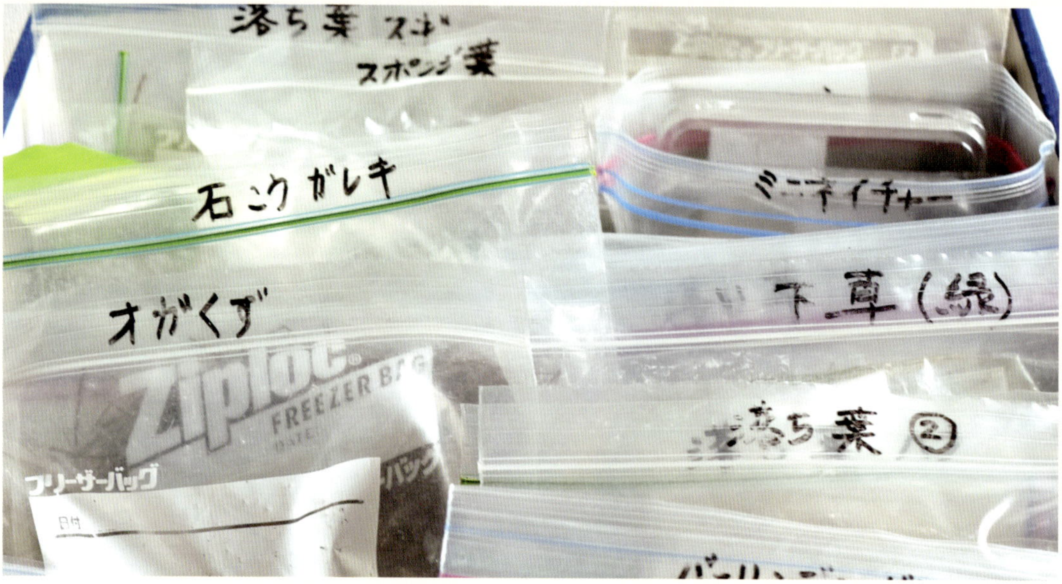

1. 園芸ショップで買い集めたドライフラワー各種（枯れ葉系）。 **2.** 白樺の花の中にあるモミジの葉の形をした材料を、枯れ葉やツタの再現に利用（P58参照）。 **3.** 近所の公園で拾ってくる落ち葉。井の頭公園にある「メタセコイア」の葉っぱは小さくてジオラマに使うには最適です！ **4.** 雑草代わりに使うドライフラワー。「ピーコックグラス」という種類の葉がとても細かくて、ジオラマに最適。通販もあり、オススメです。 **5.** ベランダで育てているモッコウバラの枯れ葉が、1/20スケールの落ち葉ほどの大きさで便利！ **6.** 動物の毛は、なめらかでコシがあるので雑草として使うこともあります。
7. 「猫じゃらし」の愛称で知られる雑草、エノコログサ。これを枯れ草として使うとリアルです。
8. ジオラマ用の天然素材を多く販売している海外メーカー「JOFIX社」製のもの。これは枯れ草として最適な素材。おそらく「ほうき草」の一種。 **9.** 紙をレーザーカットして、緻密な葉っぱの部材として売られている「紙創り」。私のジオラマ作品には、なくてはならないマストアイテムです。 **10.** 石こう作業の際に余ったものを、硬化したあとに砕き、ガレキとして使ったりします。 **11.** 鉄道模型用の砂。目が細かくて重宝しています。 **12.** オガくずは地面を作る際に石こうに混ぜて使用。着色しやすく軽い材料。 **13.** 小石は、散歩中や旅行先で集めたもの。粒の大きさごとに小さな袋に仕分け。
14. 水苔を乾燥させた材料は昔からある超定番のジオラマ用素材。自然もので質感がリアル。
15. 鉄道模型用で、木の表現等で使うスポンジを着色した素材。

ジオラマを作るには
多くの材料が
必要となります。
また1つ1つが
小さいので、
入念に「仕分け」
しておくことが大事。
そこで、整理＆仕分けが
大好きな私ならではの
「材料仕分けBOX」が
登場となります。

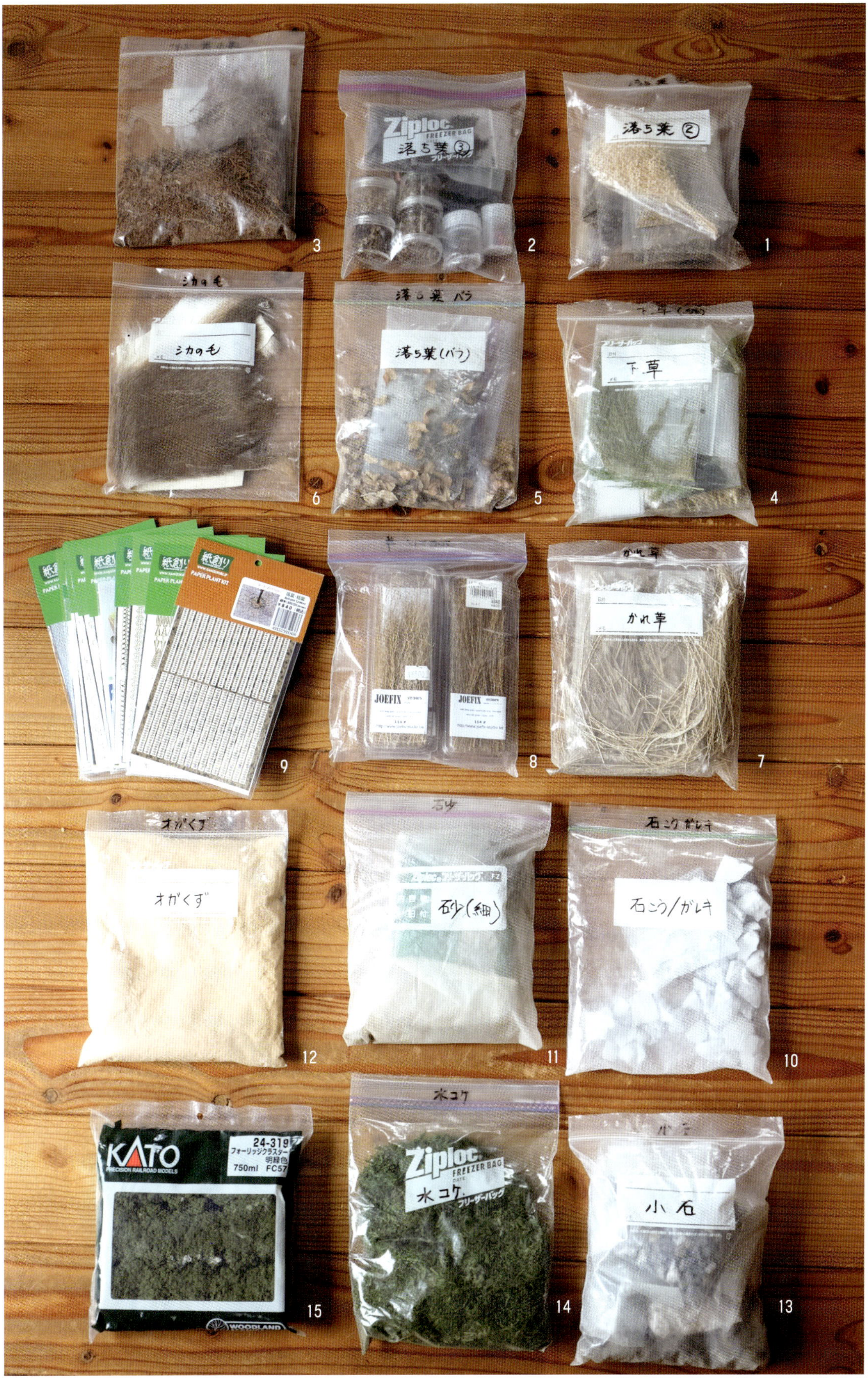

落ち葉②
1
Ziploc
落ち葉③
2
3
下草
4
落ち葉(バラ)
5
シカの毛
6
かれ草
7
JOEFIX
8
紙創り
PAPER PLANT KIT
9
石こう/ガレキ
10
砂(細)
11
オガくず
12
小石
13
Ziploc
水コケ
14
KATO
24-319
750ml FC57
15

赤灯台の防波堤

DIORAMA

父の
故郷にある
防波堤。
そこに
あるのは
懐かしい
記憶

長崎県・五島列島に、奈良尾という小さな漁港がありま す。荒木家の祖先がこの島に根を下ろして8代、土地と墓を守り続けていました。祖父は漁村唯一の医者で、島民の「命の灯台」として仕事に生き、8人の子供を授かり一族を繁栄させせました。

その長男である父は、旧制中学校進学のために島を出て、さらに大学進学で上京すると、東京を荒木家の拠点、新天地として根を下ろし結婚。そして、島を知らない世代である3人の子が生まれました。

私の父以外にも各地に散った荒木家一族は、毎年夏休みと正月の2回は島に戻るわけですが、その時には毎回、お祭りさながらの賑わいとなりました。特に私が好きだったのは夏休み。年の近い従兄弟たちと一緒に、大人の目を盗んで停泊中の漁船の上で遊びます。さらに、そこから少し離れた「0番地」と呼ばれる、灯台がある防波堤に行くのがちょっとした冒険でした。

ここから見た東シナ海の海は恐くなるほどの透明度で、海の中を悠々と泳ぐ魚群が手に取るようにハッキリと見えました。水平線の向こうには大きな入道雲、海の反射光、潮風の匂い……夏が来るたびにこの地を思い出します。

「赤灯台の防波堤」はそんな私の思い出と、父の生まれ故郷を再現した作品です。しかし、この場所の写真が手元には1枚もなく、うっすらと記憶に残る光景と、どこかにありそうなごく普通の防波堤の風景を織り交ぜて作りました。あとから知ったことですが、実際にある灯台は、これよりかなり小さなものでした。子供の頃の記憶はすべての建物を巨大で立派な物にしてしまうのが面白い現象です。

このジオラマでの主人公は、漁業用の網を軽トラックに積む漁師の妻。聞こえてきた漁船の汽笛に気づいて顔を上げたシーンです。あの鳴らし方は、今日は大漁だったという証。しかし、妻の笑顔の理由は仕事の成功ではありません。遠くの海原に小さく、今日も無事に帰って来た夫の姿を見つけたから。

人々の無事を願って、守って、今日も静かに佇む赤灯台。そこに、島民の命を支えてこの島で生きた祖父の姿が重なっていきます。

赤灯台の防波堤［2009制作 scale 1/32］W:342mm D:234mm H:330mm

PORTER CAB

港内

88長崎 ぬ
24-30
港

ジオラマ保管箱

COLUMN

3

2

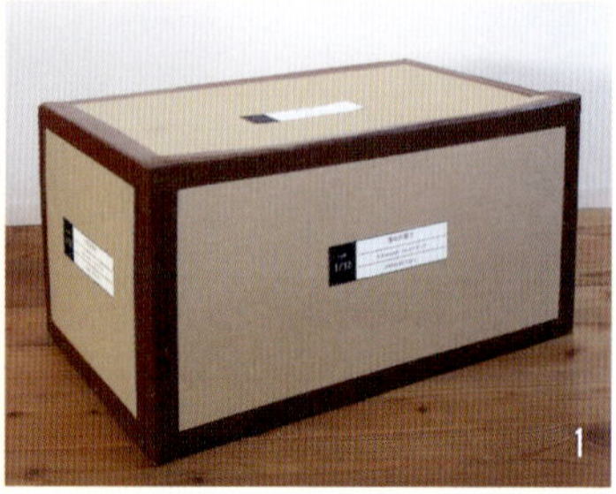
1

大切なジオラマたちが眠る「ジオラマ保管箱」のこと

ジオラマは細かい部品が多く繊細で壊れやすいので、運搬や保管用の箱はとても大切です。
私の場合は、オリジナルのダンボール製の保管箱を作って自宅の倉庫に保管しています。イベントなどの貸し出しで、私以外の人が運び、出し入れする場合も多々あるので、目立つデザイン、誰でも扱える開閉方法、そして中身が壊れない構造、の3点を考えて作りました。ダンボール箱は買ってくる場合もありますが、スーパーでもらってくる箱を加工して作ることがほとんどです。その時に、商品名が印刷された面を内側に使い、外は無地の状態にすること。また、仕上げに茶色のカラーガムテープを外周に貼って、強度アップとデザインの統一感を狙っています。これも私のこだわりポイントです。

1 | 中身がわかる「索引名、スケール、作者名」の表記ラベルが貼られています。

2 | 側面の1ヵ所が手前に開く箱状。天面にL字状の差し込み口があり、フタの端を入れてロックする構造になっています。

3 | ジオラマの台には最初から段差を作っておきます。そして、箱の内壁も段差がある構造にして、「引き出し」のようにジオラマを差し込んで固定させます。単純ですが箱の中でジオラマが暴れたりしないのです。宅急便で送ることも多いのですが大丈夫。

ジオラマ作業場

COLUMN

ジオラマ制作は主にリビングの一角、1畳半ほどのスペースで行なっています。スプレー塗装や粉塵が出る作業は、プラモデルのストックルームを兼ねた専用の作業で行いますが、夫婦2人住まいなので、作業途中で会話を楽しんだり、作業を手伝ってもらったりと、いろいろなメリットがあるのでリビングでの作業をメインにしています。2015年に独立してプロのジオラマ作家になり、我が家がそのままアトリエになりましたが、大型の作業机とスプレーブースを買い替えただけで、作業スタイルは変わりません。好きな物に囲まれているこのリビングは、僕の嗜好、頭の中が具体化した世界なのです。

夢がうまれる場所、ジオラマ作業場

[右上] リビングにある作業机。左側にはジオラマ作品を飾る特注の飾り棚を設置して、いつでも作品を眺めて過ごせます。
[左上][*1] 机は電動昇降タイプの物。机の下に事務用の引き出しを収めて、道具や材料などを細かく分類しています。
[下][*2] 塗装ブースを備えた部屋。プロになってから購入したスプレー塗装の集塵器「ネロブース」は、大型のジオラマも入るようにサイズを特注した物。集塵力が優れていて、塗装の際のマスクが要らないほど。

[*1] 電動昇降机 https://www.iamworkaholic.jp/item/1476/　[*2] ネロブース https://twitter.com/neroboothtokyo

Go! fishing

DIORAMA

中学生の僕と20代の僕のコラボレーション作品の誕生

小学校卒業と同時に北九州へ。ここは「情景師」誕生のきっかけとなった場所でした。

日本最初の模型専門誌『モデルアート』を創刊させたのは、北九州でプラモデル屋を経営しながらこの地を一大模型天国に導いた、井田博さんという方。かつて、この小さな地方都市に驚くほど多くの模型店がありました。模型コンテストなどイベントを仕掛けて、北九州の模型界を盛り上げたのも井田さんの努力に他なりません。私は敷いてもらったレールに乗ってスキルを磨いていきました。現在の制作テクニックの基礎は、ほとんどこの頃に習得できました。

そんな模型三昧《ざんまい》の中学生にも、高校受験という試練が否応なく訪れます。すると、あれほど夢中だったプラモ趣味はフェードアウト。大学に入ると、趣味はバイクやキャンプ、さらにはスキーブーム到来！　バブル絶頂期の当たり前の20代の青春を謳歌しました。

そして社会人になって数年が経過した20代後半、偶然見かけて気になり手に取った模型雑誌には、タミヤ模型主催のコンテスト告知が。「よし、久しぶりに作ってみるか！」と奮起。これがこの作品の誕生秘話です。こんな人を「出戻りモデラー」と呼びます。

さて、このジオラマの主役は、特徴ある長いクレーンを装着したアメリカ軍の「戦車回収車」。故障した戦車をクレーンで吊り上げてレッカーするのが役目です。この車輌は市販のプラモデルを改造したのですが、実は、これを作ったのは中学時代の私なのです！　受験によって中断した作りかけのプラモを大人になって塗装し、さらにジオラマとして完成させた、まさに「中学時代の僕とのコラボレーション作品」。

フランスの田舎町にある古い石橋を渡る構図は、すでに中学時代の私が妄想していた光景。魚を釣り上げ中の兄と、「ちょっと待って！」と勇敢に移動中の戦車を停止させる弟の物語を加えました。登場する回収車もまた、川に落ちた戦車を「吊り上げに行く」ということで、ストーリーを掛け合わせています。

中学時代の私も、たぶん気に入ってくれる作品に仕上がりました。

Go! fishing [1996制作 scale 1/35] W:323mm D:262mm H:260mm

これだけ作ろう
じっくり
1/35 U.S. TANK LEE
担当 森 秀也・久保憲之
ありがとう!! 森さん、久保さん 楽しんで作れました!!
絵と文
実はイラストも描ける
荒木智
2008.3.8
☆《M3リー戦車改収車編》
転勤一家 この時は 北九州在。
これを作りはじめたのは なんと1987年! いがぐり頭の中学2年生であった。 無中でスクラッチしたクレーン部に満足してしまって、その後13年近く放置プレー…
14才。
→完成27才!!
MM No.39 M3リーMkI戦車
作っていた当時「これはどうやって使うのかなぁ〜」と疑問に思っていた部品。
近年、販売された戦場写真で こんな先端である事が判明
こだわりのライト工作
レンズのたてスジ
ライトを作り込むとかなり出来がよく感じる。
トウメイプラ板
この部品製作が一番やっかい。 左右反転形状で わずかなズレが大きなズレに… 2回作り直した。
小学校時のクリスマスプレゼ
タミヤ 1/72 イギリス軍 魚雷艇 ボスパー の サーチライト部品。 (「これ作」ではスクラッチするようにと!!)
2色成形!!
ハッチや予備転輪は M3リーのキットには入っていないので、初めて他のキットをつぶして使用。 急に「大人」になった気に…
※ギセイキットは「プリースト」
現地で溶接する事もあるだろうと「デッチアゲ」設定で取りつけてみた (イタリフィールドツールセットから
目の細いチェーンは 帆船模型用のもの。
なぞの棒。 移動状態の際のダミー砲としてのだったのね!
荷物その1
初めて買ったガレージキット バーリンデンの荷物用。 「籐のカゴ」。 この原形ってどうやって作ったの?という造形。
荷物その2
イタリのツールセットに入っていたハシゴ。荷物のインパクトとしてつんでみた。
荷物その3
「ドイツ歩兵休憩セット」より 木製のイス。このイスほしさにキットをいくつも買いだめした。
•タミヤのM3リーの キャタピラのエンドコネクターはなぜか おたがいをまたがっていない形状に!! プリースト(イタリ製)はちゃんと再現されていたので交換した。
なつかしのゴムキャタピラの「たるみ」工作!!
表紙は サンドバック 装甲の カリオペ!!
ドーザー シャーマン
US Armored Funnies
米軍特殊車 好きのバイブル 「US Armored Funnies」 M3リー戦車改収車の写真だけでも20枚以上!! しかもたったの1900円 (ハセガワ輸入・CONCORD)

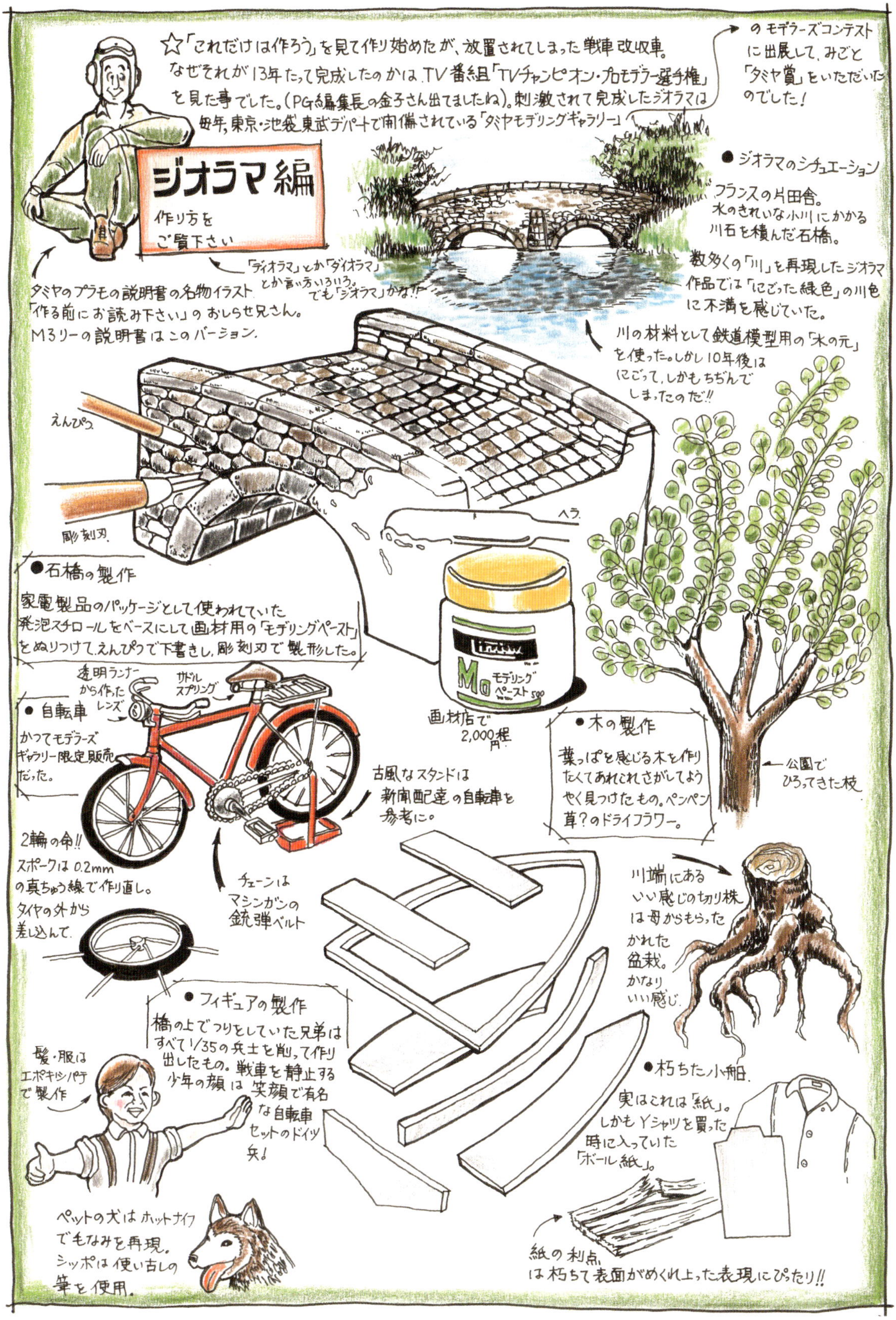
ジオラマ編
作り方を
ご覧下さい
☆「これだけは作ろう」を見て作り始めたが、放置されてしまった戦車改収車。
なぜそれが13年たって完成したのかは、TV番組「TVチャンピオン・プロモデラー選手権」
を見た事でした。(PG編集長の金子さん出てましたね)。刺激されて完成したジオラマは
毎年、東京・池袋 東武デパートで開催されている「タミヤモデリングギャラリー」
のモデラーズコンテスト
に出展して、みごと
「タミヤ賞」をいただいたのでした！
タミヤのプラモの説明書の名物イラスト
「作る前にお読み下さい」のおしらせ兄さん。
M3リーの説明書はこのバージョン。
「ディオラマ」とか「ダイオラマ」
とか言い方いろいろ。
でも「ジオラマ」かな!!
●ジオラマのシチュエーション
フランスの片田舎。
水のきれいな小川にかかる
川石を積んだ石橋。
数多くの「川」を再現したジオラマ
作品では「にごった緑色」の川色
に不満を感じていた。
川の材料として鉄道模型用の「水の元」
を使った。しかし10年後は
にごって、しかもちぢんで
しまったのだ!!
えんぴつ
彫刻刀
ヘラ
●石橋の製作
家電製品のパッケージとして使われていた
発泡スチロールをベースにして画材用の「モデリングペースト」
をぬりつけて、えんぴつで下書きし、彫刻刀で製形した。
Mo
モデリング
ペースト 500
画材店で
2,000円程
●木の製作
葉っぱを感じる木を作り
たくてあれこれさがしてようやく見つけたもの。ペンペン
草?のドライフラワー。
公園で
ひろってきた枝
透明ランナー
から作った
レンズ
サドル
スプリング
●自転車
かつてモデラーズ
ギャラリー限定販売
だった。
古風なスタンドは
新聞配達の自転車を
参考に。
2輪の命!!
スポークは0.2mm
の真ちゅう線で作り直し。
タイヤの外から
差し込んで。
チェーンは
マシンガンの
銃弾ベルト
川端にある
いい感じの切り株
は母からもらった
かれた
盆栽。
かなり
いい感じ。
●フィギュアの製作
橋の上でつりをしていた兄弟は
すべて1/35の兵士を削って作り
出したもの。戦車を静止する
少年の顔は 笑顔で有名
な自転車
セットのドイツ
兵!
髪・服は
エポキシパテ
で製作
●朽ちた小船
実はこれは「紙」。
しかもYシャツを買った
時に入っていた
「ボール紙」。
紙の利点
は朽ちて表面がめくれ上った表現にぴったり!!
ペットの犬はホットナイフ
でもなみを再現。
シッポは使い古しの
筆を使用。

悪役1号

DIORAMA

痛快！
豚を
主人公にした
宮崎アニメの
原点がここに

アニメ映画「紅の豚」は、宮崎駿監督作品の中で常に人気ランキングの上位にくる不朽の名作です。人間界においてなぜか豚が主人公という痛快なストーリーが素敵で、何度見ても飽きません。

このアニメは、模型雑誌『モデルグラフィックス』に掲載されていた、宮崎駿監督が綴っていたイラストエッセイを発展させて映画化したもの。模型が好きな人にはよく知られた話です。加えて、それ以前に「豚を主人公」にしたエッセイが書かれていたという事実も知っておいてほしい、宮崎監督トリビアなのです。

独裁者の豚「大佐」が、巨大戦車「悪役1号」に乗って暴れまくるという、シンプルなストーリー。いかにも宮崎監督が好きそうなこの多砲塔戦車は、TVアニメ化も映画化もされていないにもかかわらず人気が凄く、なんとプラモデル化されています！　私は、中学時代に雑誌で初めてその姿を見てひと目惚れし、「いつかジオラマで作りたい」と熱望していたモチーフなのです。

宮崎監督の綴った物語はこうです。時は18世紀初頭のヨーロッパ。この頃、複葉機タイプの戦闘機や、車を武装した装甲車が登場。さらに、イギリスが世界初の戦車を開発し、戦争のあり方が根本から変わってきた時代です。各国の緊張感が高まる中で突如現れた超巨大な戦車。あまりに大きな車体のため、移動するだけで街は破壊されます。高い塔も一瞬で倒壊させる強大なパワー……。

この世界では豚が住民。逃げ惑う豚兵士は、すべて模型用の粘土で造形し、コミカルなポーズで宮崎監督作品らしさを狙ってみました。巨大な戦車に追突されて大きく傾いた建物は、ドイツのロマンチック街道はローデンブルグにある有名な時計塔がモチーフとなっています。旅行パンフを参考に、スチレンボード（建築用の発泡スチロール板）を使い自作しました。

宮崎監督様、できれば引退を撤回された今、ぜひ、このジオラマのワンシーンのような迫力あるアニメ映画「悪役1号」を作って……ほしいなぁ。

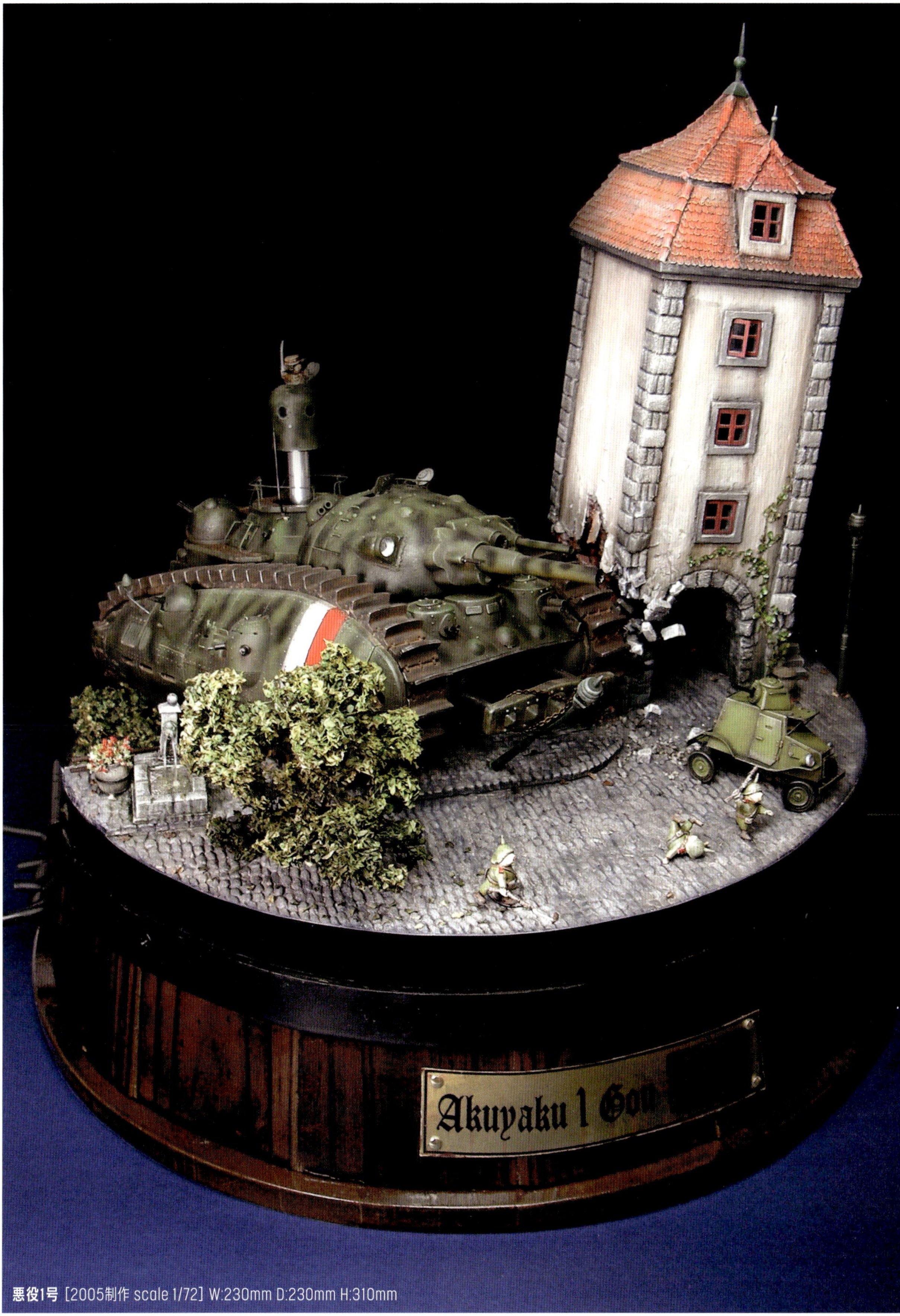

悪役1号 ［2005制作 scale 1/72］ W:230mm D:230mm H:310mm

自宅での撮影シーン

SNS やブログ などインターネットを通じて発信される私のジオラマ作品写真。
この本に掲載された写真はすべて私が撮影したものです。
私は写真のプロではありませんし、機材もごくごく普通のコンパクトデジタルカメラ。
しかし、太陽の力を借りた野外での撮影効果と、ちょっとした光の捉え方やカメラアングルで、
見た人に自分の想いが伝わる撮影は十分可能です。
そして、こうして本にまとめられることにもなるのです！

[右上] 日光の下で撮る、本物のように見える自然光の写真はすべて自宅のベランダで撮影。
家の前にある電線やお隣りの庭木を「借景」として、美しく見える光の入り方を探りながら、
左手でジオラマを持ち、右手でシャッターを。その様子は、まるでダンスをしているかのようです。
片手撮影なので、当然、手ブレが多いのですが、うまくいった中に「ハッとする」写真を見つけるのも楽しみです。
[左上] 室内撮影。手ブレ防止のため、ミニ三脚（左下）でカメラをしっかり固定。必ず2秒のタイマーで撮影します。
光源は、制作作業に使用しているLEDデスクライトと、レフ板代わりの白い紙。
[右下] 愛用のカメラ RICHO CX-5（残念ながら現在は絶版）は、接写に強く、ハッキリとした画の表現が素敵。
撮影モードは「オート」。マクロ撮影モードでISOは 100で固定。それ以外の細かな設定はいっさいしません。
画像仕上げのコントラストや発色は、パソコンに取り込んでから調整します。

ジオラマの
楽しさと凄さを
伝えるために
大切な
写真撮影

ジオラマのある日常 | COLUMN

[上] 自分の作った作品を毎日眺めて暮らす生活。
10年前に家を新築する時に、ジオラマ収納棚を特注しました。
正方形の棚の中にピッタリ収まるアクリルケースを作って入れ、
その中にジオラマが収まっています。
季節に合わせてジオラマを入れ替えて、まるで掛け軸のような楽しみ方をしています。
[左下] 夫婦2人の趣味の本や集めた雑貨が収まる棚。
この棚の中にもまた、ジオラマを収めた展示ケースが進出しています。

2Fの
リビングにある
ジオラマ
ギャラリー

神々が住む森

DIORAMA

型取りの手法で、ああ、思い出のアンコールワット

ジャングルに放置された巨石文明、繊細に彫り込まれた彫刻の数々……。カンボジアの「アンコールワット」、実は、私たち夫婦の新婚旅行先。他の候補を挙げることなく、2人の意見が見事に一致した場所です。

修復が進む数々のアンコール遺跡の中で唯一、ジャングルの中に放置されている、発見当初の状態のまま公開中の「タ・プローム寺院」。そこは、巨石文明の偉大さと、自然の驚異が同時に堪能できる魅力的な場所です。巨大な木の根が複雑に絡みつく様子が迫力ある本堂と比べ、この寺院門はちょっと小ぶり。しかし、四面観音像が彫られた典型的なアンコール王朝の彫刻美と、半壊した姿がとても印象に残り、帰国後にさまざまな大きさの寺院門を作り続けました。

最初は手のひらサイズ（1／144スケール）のジオラマを作りました。キャラメルのような堅さで造型がしやすく、オーブンで焼いて硬化させる「スカルピー」という粘土を使用。

「アルカイックスマイル」という微笑を浮かべた観音様の造型はとても難しく、何度作っても納得いくものができなくて、作り直すたび巨大になっていきました。最終的には、1／35スケールで、重量はなんと3キロという、漬け物石にでもできそうなほど超ビッグなものに……。

アンコール王朝の寺院の造形は「左右対称」「反復造型」の組み合わせ。そこで、スカルピーで作った原型をシリコンゴムで型取りし、そこにプラキャスト（2つの液体を流すことで化学的に硬化するプラスチック材料）を流した複製を組み合わせて作った結果、このように。

これくらいの大きさならば、陰影もハッキリ付くので写真映えします。日射しの強い日光の下でカメラを向けると、まるでカンボジアに行ったかのような画像がファインダー越しに現れました。

2人の思い出の場所を、ジオラマで形に残せたというわけです。

神々が住む森［2007制作 scale 1/35］W:353mm D:457mm H:420mm

型取りの方法

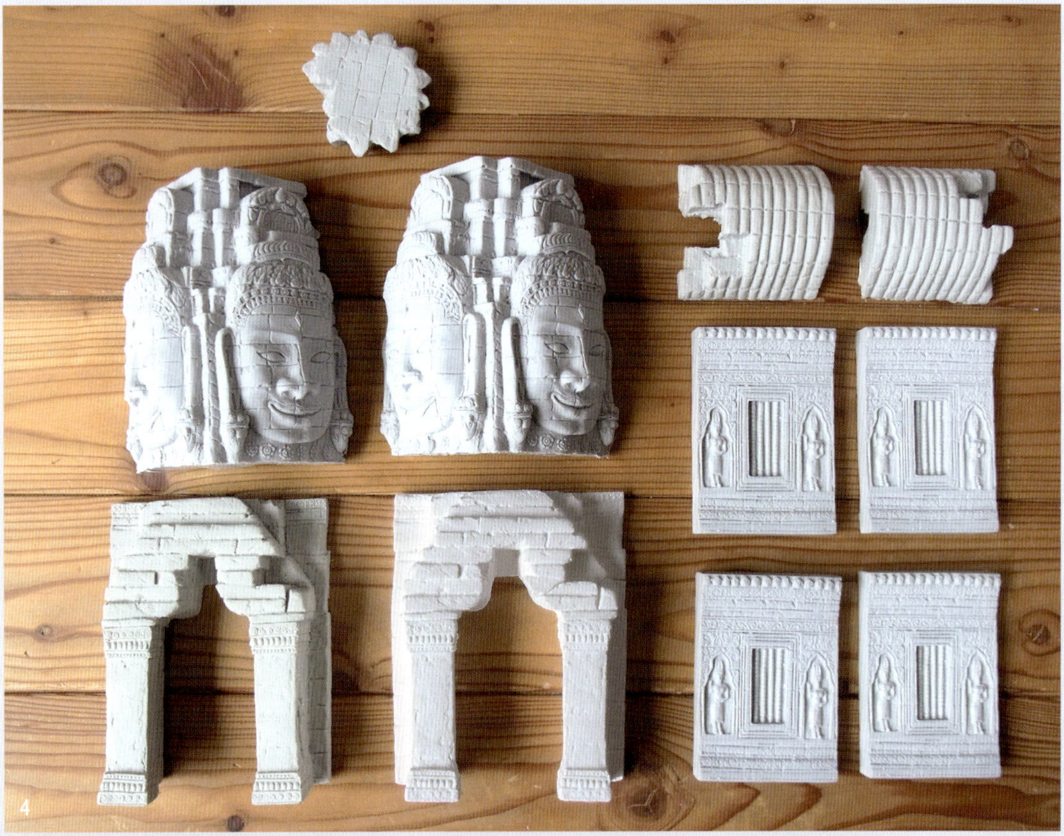

4

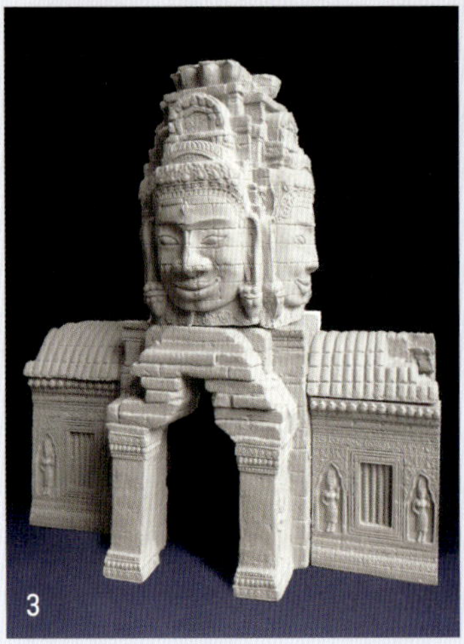

3

2

1

1 | 映画用の怪獣の造形にも使用される造形用粘土「スカルピー」で観音像の顔を１面だけ作り、シリコンゴムで複製。

2 | 4面像を90度の角度でカットした部分原型を制作。

3 | アンコール遺跡は左右＆表裏対称の造形なので、まずは原型を１つ造り、シリコンゴムで型取り。
次に、2液を混合するとプラモデルの材料のように固まる「キャスト」という素材を型に流し込んで複製する。

4 | まるで自分が模型メーカーになった気分で、造形物をいくつも作ることができる。

名刺サイズジオラマ

DIORAMA

名刺の
面積があれば
十分に
自己表現できる
空間を
生み出せます

私は前職がサラリーマンでしたので、名刺は必需品でした。そして今はフリーのジオラマ作家としての名刺を持っております。

同じ趣味を持つ人同士、インターネットでの交流が盛んになってきた昨今では、多くの人がネット上の別名「ハンドルネーム」を持っています。そして模型関連イベント等で直接会った時に渡す、ハンドルネームやブログのＵＲＬや連絡先を書いた趣味名刺を作る人が増えました。

私も、モデラーが集うネットの掲示板で交流を始めた15年ほど前に、ごく当たり前にモデラーネームで呼び合う状況に戸惑いながらも、中学時代に担任の先生に付けられたあだ名「アラーキー」を思いつきでハンドルネームとしました。

「アラーキーさん」……今ではこの発音で呼ばれるほうが本名よりも心地良くなっています。

そして、自分のブログを始めた時に、本家、写真家のアラーキーさん（荒木経惟氏）と区別するため、かねてから、自分で作って名刺に小さく書いていた「情景師」という肩書きを付けて「情景師アラーキー」と名乗るようになったのです。

自分を語る最小限のサイズ……名刺の寸法は、もっともバランスが良いとされる「黄金比」でできているとか。ならばこのサイズで作るジオラマは、究極の空間設計なのかもしれません。

日本人は昔から、小さくて凝縮された世界が大好きです。そんなことを考えつつ名刺サイズのジオラマを作ってみると、心地良いだけでなく、場所を取らない大きさも日本の狭い家にはやさしいサイズ！

さらにいいことがもう1つ。ジオラマはその制作行程が非常に多く、完成に至るまでの時間の長さと、その中で集中力を継続していくのが大きな課題です。要は途中で飽きてしまう……。

しかしこのサイズでは、お菓子に付いてくるオマケミニチュア＝食玩を使ったり、鉄道模型用の人形を使ったり、完成済みの物をアレンジして組み合わせるだけでも、十分に完成度の高い作品ができます。飽きずに作れるというメリットがあるのです。

Tricolore [2002年制作 1/144 scale] W:99mm D:60mm H:100mm

U.C.0079 Angkor Va［2004年制作 1/300 scale］W:99mm D:60mm H:160mm

Panzer Kampfwagen VI Tiger 1
[2004年制作 1/144 scale] W:99mm D:60mm H:75mm

MERKABA Mk3(Bas) Desrt Scheme
[2004年制作 1/144 scale] W:99mm D:60mm H:105mm

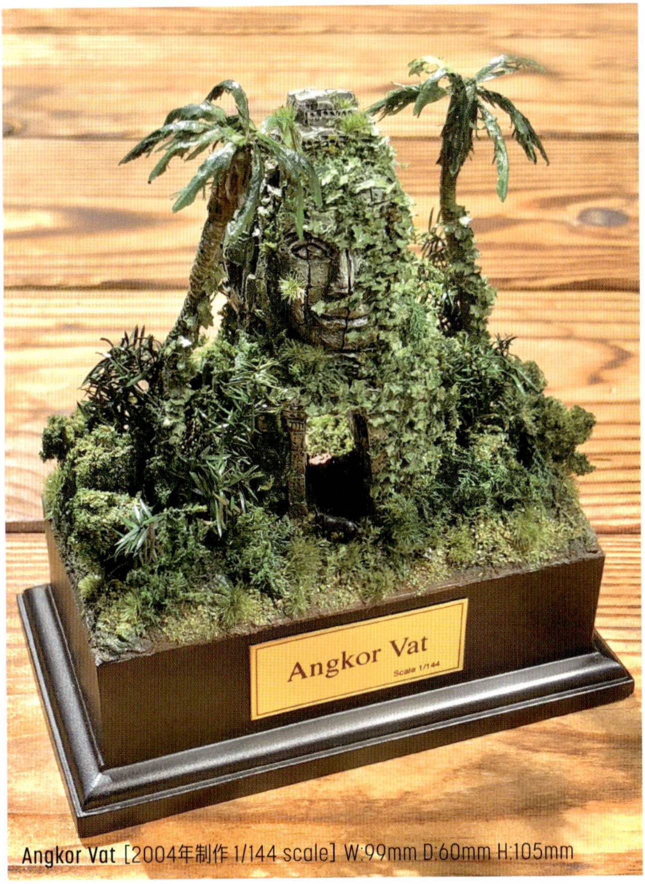

Angkor Vat [2004年制作 1/144 scale] W:99mm D:60mm H:105mm

The Brigth [2004年制作 1/144 scale] W:99mm D:60mm H:105mm

ジオラマ年賀状 | COLUMN

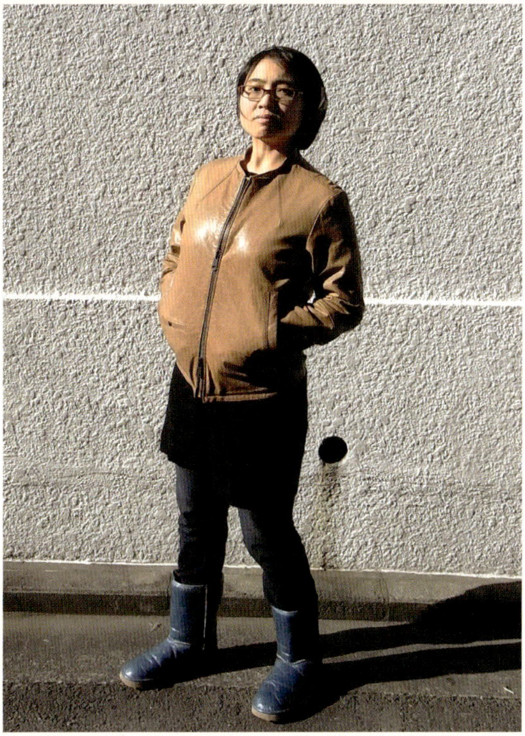

ジオラマ年賀状のススメ！

その年の自分の代表作品と共に、最近の自分たちの姿も知らせたい。
そう思いついて作ったのは「ジオラマの中にいる私たち」の年賀状。一挙両得！
ジオラマ撮影の直後に、その同じ太陽光の下で、夫婦2人を別々に撮影。その写真をパソコンソフト「Photoshop」で合成します。

人間くささがあるから、「再景」「現景」ではなく「情景」なのです

石黒謙吾（著述家・編集者）

「自分で〈凄い！〉と言ってるみたいで気恥ずかしいのですが……」。荒木さんは、僕がすぐに思い浮かべた書籍タイトルに対して、そう、面はゆそうに。いやいや、こんな凄い作品をを世に出しているのですからと返したのですが、まさに、初めて「ゴミ袋をつまむ指」を見てジオラマだとわかった瞬間、「凄い！」と呟いたあと二の句が継げませんでした。

ツイッター経由でその写真を見つけたのは2014年9月下旬。「ん？CG？」。ネットで拡散中だったそれを見た大多数の人が僕と同じことを考えたでしょう。記事を読みそれがジオラマだと知るやすかさずググって荒木さんのブログに飛ぶ。作品の数々をざっと流し見ると5分もしないうちに「本をプロデュース・編集させて頂けませんか？」とメールしていました。それほど衝撃的な、ジオラマ制作のレベルの高さでした。

それがいかにケタ違いであるかがわかるのは、僕もママゴト程度ながらジオラマをやっていたから。プラモマニア御用達の定期冊子『タミヤニュース』創刊と同じ1967年に小学校入学。すぐにプラモデルにハマり、5年生ではジオラマ（ミリタリー）に目覚めます。ジオラマ写真を集めたタミヤ『パチッ特集号』を枕元に置いて眺め、大人は凄いなあとため息をつく日々。聞けば荒木さんも同じような日々を送っていたようです。中1の時、金沢市内の模型店のコンテストで金賞を取ったりもしましたが（デカいだけで努力賞的に……）、それ以降は、街中で見かけるジオラマを横目にいつか作ってみたい、とぼんやり思う程度。

ジオラマ愛をすっかり忘れたそんな40年間の空白が一瞬で掘り起こされ、なんとしても本に残したいと衝き動かされたのは、ハイレベルな再現だけではありません。作品群どれを見ても、隅々に「感情」がこぼれ出ていたからなのです。

ジオラマは「情景」、つまり情緒的な光景ということ。正確に再現するだけなら「再景」とか「現景」などのほうが適切です。

情緒とは、人間くささだと考えます。情景師アラーキーこと、人間・荒木智に40年以上にわたって堆積してきた、体験、記憶、感性、思考、情念……など、脳と心に残る雑多なかけら。目に見えぬそれらが混ざり合い発せられる匂いが、荒木さんの作品からはもうもうと立ちのぼってきます。この本に書かれている、作品個々に対して自ら設定した物語を知らずとも、「ドラマのワンシーンを抜き出したように生っぽくて、今にも動き出しそう」と感じることでしょう。そこに時間が流れている。

そして、細部に温度や湿度や息づかいが吹き込まれている。荒木さんの興味対象と喜怒哀楽の振り幅の広さが、そのマジックを可能にしているのです。

実は、初めて出したメールの返事に、僕が作った書籍『マン盆栽』や『フォトモ』などジオラマエッセンスたっぷりのシリーズを始め、まったく違う毛色のものまで何冊もお持ちだとあり、とても嬉しかった。その後、ご自宅に打合せに伺うと、本棚にあるわあるわ大量の本。ジャンル多種多様、写真集や絵本など僕のツボに入るものもたくさん教えて頂き盛り上がりました。

幅広い事象への興味は、すなわち人間に対する深く広い興味でもあります。人に対するリスペクトの視線があるからこそ、動かぬ模型に感情が注入され、動き出す。「情」を携えた「景」は、とてもエモーショナルな「師」によって浮かび上がる。「情景師」という唯一無二の肩書きに、僕は勝手にそんな解釈を込めています。

おわりに | AFTERWORD

ジオラマは「人を引き寄せる力」がある、
と最近特に感じます。
TwitterやFacebookに
作品の写真を公開し続けたことで、
世界中につながっているネットという大海原に漕ぎ出し、
あらゆる国に私のジオラマ作品が広がりました。

「ジオラマを見た人を喜ばせたい」という気持ち。
そのためにはと、印象に残る写真を工夫して撮影し続けた結果、
多くの人の目に留まることとなり、
そこから、いろいろな出会いが運ばれてきました。
この本が誕生したきっかけも、
そんな出会いの1つでした。

私のジオラマ作りは、
人との出会いの中から生まれていきます。
数々の作品の裏には、
たんなる作り方を見せるだけでは語れきれない、
人とのつながりや、自分の人生における大切な記憶、嗜好で、
数々のストーリーが作られている。

この本を通じて、
そんなことをお伝えできれば、
情景を生み出す者として、著者として、
とても幸せです。

2015年3月　情景師アラーキー／荒木 智

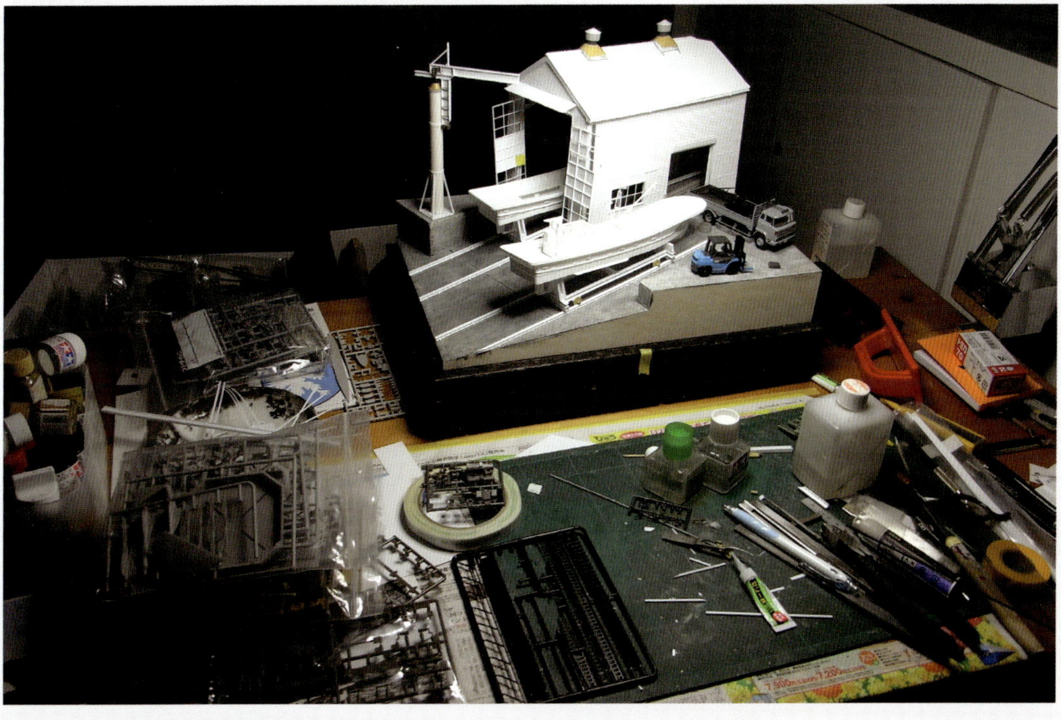

PROFILE

情景師アラーキー
荒《あら》木《き》 智《さとし》

ジオラマ作家

1969年東京生まれ、東京都在住。幼少の頃に母親に教わった「箱庭づくり」と特撮映画の影響で、模型に興味を持ち、プラモデル三昧の少年時代を過ごす。中学時代に手にした模型雑誌から手法を習得し、本格的にジオラマ作りを開始、各種模型コンテストに出品し腕を磨く。ものづくりの楽しさを生業とすることを決心し、大学で工業デザインを学び、1993年、東芝にプロダクトデザイナーとして入社。以後、趣味としてジオラマ制作を続ける。30代前半、模型コンテストの受賞をきっかけに、各種模型雑誌からの依頼を受け、ジオラマ作品を多数制作・発表。サラリーマン生活を送りながら、ジオラマ作家として二足のわらじで活動を続ける。2014年にネットで拡散した作品が、「リアルすぎるジオラマ」としてテレビなどメディアで大きな反響を呼ぶ。2015年、ジオラマ作家として独立。『作る！超リアルなジオラマ』(誠文堂新光社)を2016年に上梓。

■ジオラマ制作ブログ ［情景師アラーキーのジオラマでショー］
http://arakichi.blog.fc2.com/

超《ちょう》リアルな
ミニチュア
情景《じょうけい》の世界《せかい》
凄《すご》い！ ジオラマ［改《かい》］

NDC507.9

2018年11月15日 発 行
2018年12月5日 第2刷

著 者 ｜ 情景師《じょうけいし》アラーキー
発行者 ｜ 小川雄一
発行所 ｜ 株式会社 誠文堂新光社
〒113-0033 東京都文京区本郷3-3-11
(編集)電話 ｜ 03-5800-3614
(販売)電話 ｜ 03-5800-5780
ホームページ ｜ http://www.seibundo-shinkosha.net/
印刷所 ｜ 株式会社 大熊整美堂
製本所 ｜ 和光堂 株式会社

ISBN978-4-416-71843-8

Staff
ジオラマ・撮影・文 ｜ 荒木 智(情景師アラーキー)
プロデュース・構成・編集 ｜ 石黒謙吾
デザイン ｜ 杉山健太郎
編集 ｜ 渡会拓哉(誠文堂新光社)
制作 ｜ ブルー・オレンジ・スタジアム

［協力］
雑誌『モデル・カーズ』(ネコ・パブリッシング)
雑誌『アーマーモデリング』(アートボックス)
雑誌『パンツァーグラフ!』〈休刊〉(モデルアート社)
原志利(廃船の写真提供)

［スペシャルサンクス］
数々のTV出演のきっかけを作ってくれた「さかつうギャラリー」坂本直樹さん
ゴッサムシティを依頼してくれた「海洋堂」神藤正勝さん
ジオラマ好きに育ててくれた両親、荒木基、荒木すみ子
そして、我が愛妻、荒木美香

■本書は、2015年4月にアスペクトより刊行された
『凄い！ ジオラマ』をもとに、大幅に改編・改稿・増補したものです。

熊本の石橋

［特別付録］
ペーパークラフト

作品名「西瓜の夏」（カバー写真とP50～）

熊本県下 益城郡 美里町にある江戸時代に作られた石橋、
「大窪橋《おおくぼきょう》」のその佇まいに魅了されて制作したジオラマが「西瓜の夏」です。
このジオラマの石橋の写真をもとに制作した手のひらサイズのペーパークラフトです。
ミニカーやガチャガチャフィギュアを飾ったり、
これをガイドにしてスチレンボードでジオラマを作ったりして楽しむことができます。

■ 詳しい組立て説明はP7に

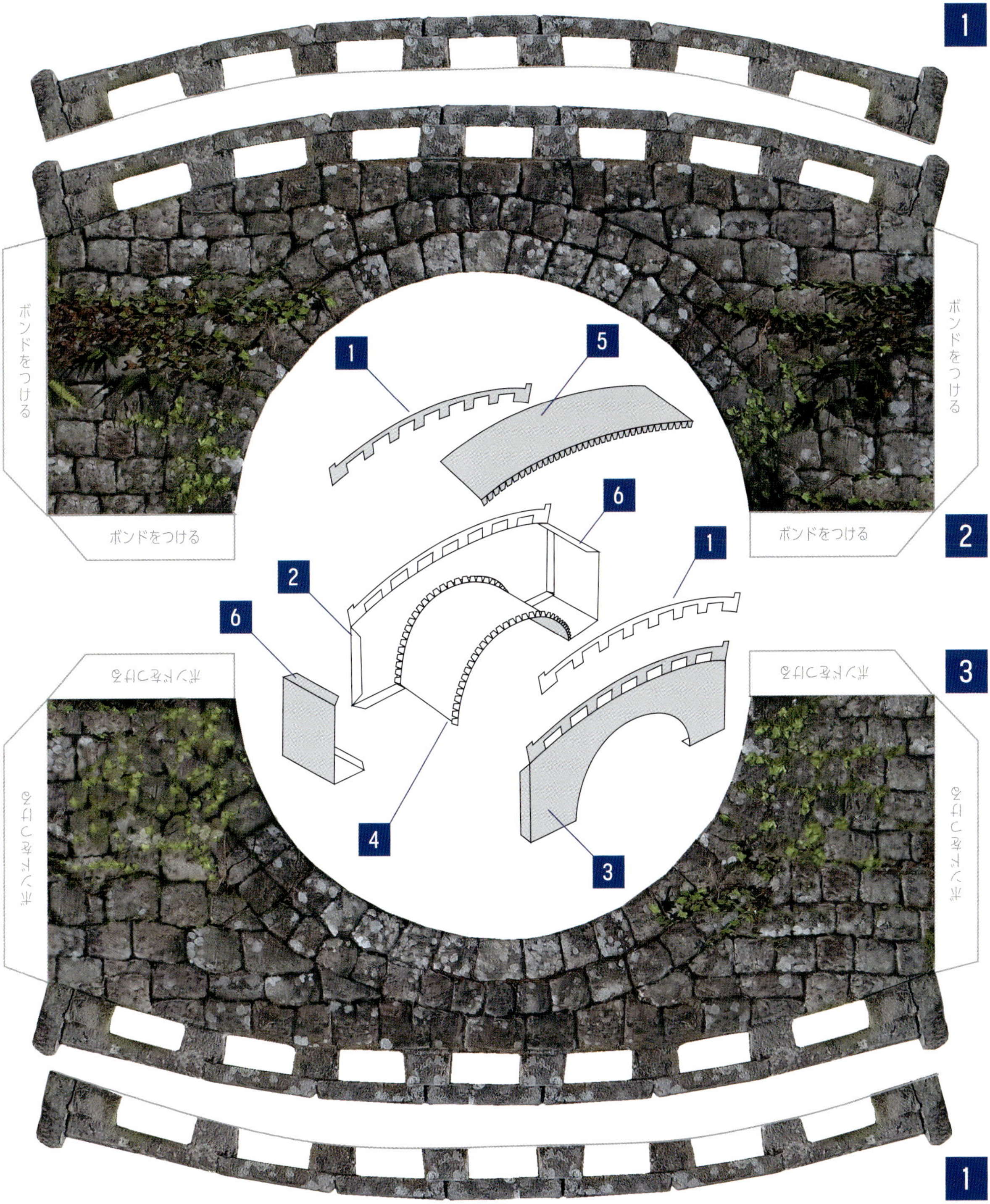